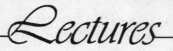

Lectures

Collection dirigée par Claude Revil

P9-ASD-525

HISTOIRES D'AMOUR

Présentation, itinéraires de lecture et notes
par Esther Merzer

HACHETTE

Ce recueil comprend trois nouvelles :

- André Dhôtel, « Conte d'hiver », extrait de *Un Soir*, © Gallimard 1977.
- Francine Cicurel, *La fougue de la femme du savant*, 1983.
- Françoise Sagan, « La paupière de gauche », extrait de *Des yeux de soie*, © Flammarion 1975.

Couverture : maquette de Sophie Coulon, dessin de Monique Grysole
ISBN 2.01.012291.7

Présentation

Esther Merzer

Le choix des textes

Les trois nouvelles de ce recueil illustrent des visions différentes de l'amour : nostalgique chez André Dhôtel, humoristique chez Francine Cicurel et Françoise Sagan. Dans les trois textes pourtant, l'insolite est l'élément dominant.

Conte d'hiver, d'André Dhôtel, est un récit poétique entrecoupé de dialogues où l'étrange et le familier sont intimement mêlés ; le voyage en forme la trame. Des lieux opposés (les Ardennes, la Grèce), la lumière particulière, permettent ou empêchent la rencontre de deux personnages. Un travail sur le texte et le langage sensibilisera le lecteur à la façon dont ces thèmes sont liés dans le récit.

La fougue de la femme du savant, de Francine Cicurel, est la nouvelle la moins classique des trois dans son mode narratif. Elle permet un travail centré sur le dialogue et le monologue intérieur. La nouvelle donne lieu à des prolongements imaginaires, qu'il faudra mettre en évidence. L'humour du récit pourra également être analysé de près.

La paupière de gauche, de Françoise Sagan, permettra de faire découvrir aux apprenants une autre forme de récit, plus linéaire. On insistera notamment sur l'évolution du personnage principal.

Les itinéraires de lecture

La structure et le style de ces trois nouvelles offrent des possibilités d'exploitations pédagogiques variées. Chez Dhôtel, on mettra l'accent sur l'organisation temporelle et l'atmosphère, chez Cicurel sur la construction dialoguée, et chez Sagan, sur les éléments qui préparent le dénouement.

Comme dans les précédents recueils de la collection « Lectures », on fera un travail très précis sur *la situation initiale* pour clarifier les données de départ et permettre aux apprenants de former des *hypothèses* sur le déroulement du récit.

Dans la partie *Lecture intégrale* de la nouvelle, l'accent sera mis sur la compréhension et le travail littéraire.

Enfin, l'étape intitulée *Après la lecture* sera essentiellement conçue comme un atelier de réflexion (sur le texte d'André Dhôtel) et de création (sur ceux de Francine Cicurel et Françoise Sagan).

Conte d'hiver

André Dhôtel

La neige tombait avec une régularité inépuisable. 1
Par la fenêtre de l'auberge on n'apercevait que l'étendue blanche des champs. La route était à peine mar-
quée par les traces de deux ou trois voitures qui
venaient de passer. De la plaine émergeaient les car- 5
dères du prochain fossé, quelques saules et un pylône.
L'affaire étrange c'est que la neige, bien loin de
confondre les lieux, affirme le caractère unique de
chacun d'eux. Plus loin la place du village avec la
poste et l'église, les bâtiments de la petite gare et la 10
courbe de la voie ferrée entre les haies devaient plus
que jamais garder en profondeur le dessin d'une
irremplaçable existence. Comme il arrive pour les
ruines des cités antiques, où la disparition même des
matériaux fait réapparaître un monde dont les moin- 15
dres traces ont une force de précision hallucinante.
Devant l'auberge cette route presque invisible, les
cardères, les saules et le pylône, perdus au milieu
des flocons, étaient voués mieux que jamais à leur
singulier isolement. Du moins c'étaient là les pen- 20
sées d'Emilie. Qu'est-ce qu'elle fichait dans ce pays ?
Le village de Mocquy-Grange, étiré au long d'une

rue interminable, est coupé en deux parties que sépa-
rent les trois cents mètres déserts de la rue qui devient
25 route au milieu d'une campagne plate, sans points
de repère notables. L'auberge avec ses remises s'élève
sur ce morceau de route.

— Qu'est-ce que tu regardes par la fenêtre ?
demanda la grand-mère, de sa voix coupante.
30 — Rien, dit Emilie.

C'était exactement rien. Mais là où il n'y a rien,
il est difficile de ne pas voir, à un moment, des lointains inappréciables. Emilie n'aurait pas voulu voir
ces lointains. Elle répéta « Rien », sans cesser de regar-
35 der à travers les flocons la nappe horizontale de la
neige qui couvrait la plaine. Il y avait d'impercepti-
bles variations dans l'éclat de la neige. Comme si le
gris du ciel invisible s'y reflétait par instants, après
quoi la lumière se faisait plus intense. Les mers toutes
40 bleues, par calme plat, ont les mêmes frissons. Rien
de commun entre ce blanc et le bleu des mers. Mais
pour Emilie c'était pareil, il y avait dans la fenêtre,
qu'elle le voulût ou non, cette mer au fond d'une
gorge au voisinage du cap Sounion.

45 C'était alors le temps de la vie ordinaire. Aucun
souci, mis à part l'ennui des examens. Après les examens on allait camper dans la nature, indifféremment
au fond d'un bois, sur des collines, des plages, vers
Boulogne, Pontoise, Madrid ou Athènes.
50 Tout avait changé. Un examen raté, et en même
temps, par un hasard, la famille avait eu des difficultés financières. Il fallait tout de suite gagner sa
vie. Emilie avait refusé de gagner sa vie dans l'admi-
nistration. Elle ne voulait pas cesser de travailler

machinalement à cet examen et puis à d'autres exa- 55
mens. Surveillante d'internat ? C'était à voir, mais
il fallait attendre un poste. Restait l'auberge de la
grand-mère Marguerite.

— Ne crois pas que je vais t'entretenir pour que
tu passes ton temps dans les livres, avait dit Mar- 60
guerite. Tu seras servante au café, tu feras la lessive
et le reste.

Emilie avait accepté par défi. Une fois tous les
quinze jours elle allait à la faculté entre deux trains.
Elle étudiait dans les moments creux. Elle prenait 65
son temps. C'était bien d'être servante de café. L'avenir restait parfaitement vide en ce lieu affreux où on
s'enfonçait sans pitié dans l'inconnu. Une vie pas-
sionnée à force de monotonie stupide, tellement tout
était faux, la baraque, les champs, la route déserte, 70
les cardères, le pylône.

Il n'y avait pas une clientèle immense, mais
l'auberge était beaucoup plus fréquentée qu'on aurait
pu croire. Les anciens savaient que c'était mieux de
planter un débit de boissons dans la solitude qu'au 75
milieu d'un village à côté de l'épicerie. Les ménagè-
res n'avaient pas l'occasion de contrôler ni donc de
contrarier les entrées de leurs hommes au café. Et
puis, sur ce bout de route, c'était comme un relais.
Beaucoup de passants, à pied ou en voiture, ne pou- 80
vaient se garder de songer à un arrêt, même si leurs
courses étaient d'une brièveté remarquable. Le fait
de s'arrêter en chemin pour vider un verre donne
l'inébranlable conviction d'être en voyage. Voilà
pourquoi on a soif et pourquoi la vieille Marguerite 85
réussissait à survivre.

— As-tu seulement astiqué le bouton de la porte ?
dit Marguerite.

Il lui fallait toujours trouver de la besogne. Après
le bouton de la porte ce serait une infime toile d'arai-
gnée. Depuis le matin on n'avait pas vu un seul client
par ce temps de chien. Aucun verre à rincer. Il gelait
à mort depuis des jours.

Au travers de la porte vitrée Emilie ne cessa pas
en astiquant de regarder le paysage neigeux. C'était
aussi fatal et aussi beau que sa condition de servante.

Une voiture apparut et s'arrêta sur le semblant de
route. Un homme jeune, au visage barbu, descendit
et ouvrit la porte avec tant de brusquerie qu'Emilie
eut à peine le temps de se reculer. Il parut surpris.

— Fermez cette porte, dit Marguerite.

— Pardon, madame, pourrais-je trouver ici une
chambre pour la nuit ? Je ne peux pas regagner Charleville par ce temps.

— A cinq cents mètres, l'Hôtel de la Gare loue des
chambres.

— Servez-moi un café, je vous prie.

— Vous n'êtes pas obligé de consommer, dit Marguerite.

— Je boirais bien un café, avec du rhum, s'il vous
plaît.

Il ne prêtait aucune attention à Emilie. A peine s'il
la regarda lorsqu'elle le servit.

— Impossible de circuler, dit-il en s'adressant à
Marguerite.

— Vous n'aviez qu'à rester chez vous.

— Je suis en tournée d'inspection. Ingénieur à la
S.N.C.F.

— Alors, vous pourrez toujours aller dormir à la salle d'attente. 120

— Il y a beaucoup de voyageurs dans ce patelin?

— Vous savez aussi bien que moi que c'est une bifurcation. Pourquoi ne prenez-vous pas le train, si vous êtes à la S.N.C.F.?

— Le train ne s'arrête pas partout, dit l'homme. 125 C'est pourquoi je vais par la route pour faire mes vérifications. Je viens de Saulces. Je me suis trompé à un croisement. Avec cette neige... Combien je vous dois?

— C'est l'affaire d'Emilie. 130

L'homme avait placé une pile de monnaie sur la table.

— Trois vingt-cinq, dit Emilie.

L'homme vérifia sa pile, en retira une piécette qu'il mit dans sa poche, puis une autre qu'il avança vers 135 le coin de la table.

— Pour vous, dit-il.

Puis il se leva et se dirigea vers la porte. Il n'avait pas enlevé son pardessus lorsqu'il était entré. Il sortit sans même un bonsoir, sans regarder ni Margue- 140 rite ni Emilie qui s'était avancée derrière lui. Emilie ne referma pas la porte, mais se tint sur le seuil pour regarder si l'étranger réussirait à démarrer dans cette neige.

Avant de prendre place sur le siège, il se tourna vers 145 l'auberge. Emilie faisait un geste pour rejeter ses cheveux longs que le vent lui avait envoyés en pleine figure. Il haussa les épaules comme par mépris et sauta sur son siège. La voiture démarra lentement, puis il la lança avec tant de brutalité qu'elle dérapa un 150

peu plus loin. Il ne s'arrêta pas pour autant et même
il accéléra encore. Une chance s'il n'alla pas dans
le fossé. Les flocons masquèrent la voiture en quelques secondes.

155 — Tu vas fermer cette porte? criait Marguerite.

Emilie ne fermait pas la porte et regardait la neige.
Dans le soir tombant, la lumière diminuait et on ne
voyait même plus les champs.

— On ne voit même plus les champs, dit Emilie.

160 — Ramasse la monnaie et nettoie la table.

Ce fut en ramassant la monnaie qu'Emilie dit, presque à haute voix :

— C'était Bertrand.

— Tu marmonnes?

165 Emilie regardait la pile de monnaie. Bertrand avait
cette manie d'empiler les pièces sur les tables des
cafés, lorsqu'il payait les consommations. Jamais il
ne donnait un billet. Il avait toujours des provisions
de pièces. Maintenant il portait la barbe, mais
170 comment ne pas le reconnaître à ses façons? Il parlait aux gens avec facilité et soudain, il se taisait et
leur tournait le dos. Ingénieur maintenant? Pourquoi pas? Il ne l'avait sûrement pas reconnue. Il ne
l'avait regardée qu'un instant, avant de monter dans
175 sa voiture.

Elle l'avait rencontré du côté du cap Sounion,
l'année d'avant. Elle voyageait dans une vieille voiture avec deux amies, et on campait dans le jardin
d'une villa, près d'Athènes, à Ekali. Les jeunes
180 filles excursionnaient aux environs. Rhamnonte,

Thèbes, le Pentélique. Enfin le Sounion. Emilie ne
prêtait pas grande attention aux lieux illustres. Tan-
dis que ses amies relisaient les pages du guide, elle
allait rôder à droite et à gauche, parfois assez loin.
Elle s'était avancée jusqu'à cette gorge au bord de   185
la route. Deux collines abruptes sur une mer étroite
dont la couleur contrastait violemment avec les pierrailles des collines semées de thym gris et d'épineux
buissons d'euphorbes. Alors ce bleu de la mer n'était
plus une couleur, mais la joie même de vivre. On   190
était au printemps. Emilie entendit des pas dans les
pierrailles et elle aperçut Bertrand.

Il s'était arrêté tout près d'elle. Sans se soucier de
sa présence, elle reporta ses regards sur la mer. Ils
demeurèrent ainsi pendant un long temps. Il dit :   195
— Venez avec moi.
Elle répondit avec quelque brusquerie :
— Je dois rejoindre mes amies.
— Allons ensemble sur la route, reprit-il.
Elle l'accompagna sur la route, et ils marchèrent   200
vers le cap. Il ne prononça pas une parole. Elle-même
n'avait aucun désir de parler à cet inconnu. Lorsqu'ils
arrivèrent au terrain où on garait les voitures, il lui
tendit la main :
— Je désire vous revoir.   205
Elle haussa les épaules.
— Il y a un petit café à droite en descendant de
l'Université... Demain soir...
Elle resta bouche cousue. Il s'éloigna. C'était un
homme jeune, assez mal vêtu. Il portait un sac sur   210
l'épaule. Le lendemain, dans la soirée, elle trouva
facilement ce café, comme si elle y venait depuis

toujours. Bertrand était assis à la terrasse. Elle prit
place en face de lui. Il commanda pour elle un café.

215 — Je m'appelle Bertrand Deslandes, dit-il.

— Emilie Hocheux, répondit-elle.

Il reprit après un temps :

— J'ai une vie banale. J'ai terminé mes études. Un
petit voyage avant de prendre un emploi.

220 Elle parla brièvement elle-même des examens
qu'elle préparait.

— Tout ça ne compte pas, dit-il, pas plus que ce
que je fais. Je veux aller avec vous au bord de la mer,
ici ou là.

225 — Nous serons à Daphni demain, dit Emilie. Il y
a la mer tout près.

Puis ils gardèrent le silence. La soirée s'avançait.
Les lampadaires s'allumaient. Le ciel profond demeurait encore sans étoiles.

230 — Demain, dit-il.

Ensemble ils se levèrent et se quittèrent sans se ser-
rer la main.

Le jour suivant, bien qu'ils n'eussent pas fixé
l'heure du rendez-vous, ils se rencontrèrent au bord
235 de la route qui tombe sur la mer. Ils allèrent s'attabler au bistrot dont le baraquement s'élève sur les
rochers.

— J'habite Paris pour le moment, dit-il. J'aurai ma
situation dans l'Est.

240 — Je ne suis pas au bout de mes études, dit Emilie.

Elle regardait la mer. Lui regarda Emilie, avant de
reporter les yeux vers les lointains.

— On ne peut pas parler de *cela*, dit-il.

Cela, c'était l'étendue des eaux d'un bleu pur. Il

y avait, en ce mois, des vagues très légères, jusqu'aux 245
montagnes arides, de l'autre côté de la baie. Une fin
d'après-midi. Le soleil brûlait les rochers. La mer
était en dehors de cette chaleur soudaine. Néanmoins
on ne sentait pas sa fraîcheur. La mer ignorait ce
qui l'entourait, le soleil aussi bien que les rochers 250
et les gens qui regardaient. Elle était monotone terriblement. Eclatante elle ne blessait pas les yeux. Elle
demeurait hors de toute raison.

— Je veux vous retrouver, dit-il.

— Je ne sais pas, dit-elle.   255

— Moi non plus, je ne sais pas.

Pourtant ils étaient ensemble de façon invincible.
Une guêpe bourdonna. Sur la pente prochaine des
moutons noirs broutaient.

— Nous partons dans deux jours, dit Emilie. 260
Demain dimanche, à la sortie de la messe.

Il se trouva à la sortie de la messe. Ils allèrent encore
s'attabler à la terrasse d'un café. Il dit :

— Non, vous comprenez. Non et non. Il y aura le
métier, les enfants, la messe le dimanche. Non. 265

Elle ne songea pas à l'interroger sur ce qu'il voulait dire. A une table voisine, des gens parlaient en
grec et un mot revenait dans la conversation :
thalassa.

— La mer, dit Bertrand. 270

Il se leva et lui tourna le dos. Sans le moindre dépit
elle murmura : « Fous le camp ! » Elle ne sut jamais
s'il l'avait entendue. Elle ne l'avait pas revu jusqu'à
ce jour de neige dans l'auberge de Marguerite.

275 Le lendemain, la neige se remit à tomber légèrement vers le milieu de la matinée. Emilie, après avoir
balayé la salle et passé le torchon, alla donner du grain
aux poules. Puis elle monta dans sa chambre, où elle
ouvrit un livre pour le plaisir d'échapper pendant
280 quelques instants aux exigences de sa grand-mère.
Ses études ça n'avançait guère, mais tout finirait par
s'arranger. Bertrand... Qu'est-ce qu'il voulait celui-
là ? Il avait été ébloui quand il l'avait rencontrée dans
cette gorge avec la mer au fond. Elle aussi avait été
285 éblouie. Il voulait sans doute ignorer qu'il fallait en
passer par la vie de tous les jours. Pourquoi ? A cause
d'une beauté exceptionnelle ? Il pensait qu'il y avait
quelque chose à sauver, mais quoi ? Cette vision de
la mer qui n'était rien et l'amour insensé d'un ins-
290 tant qui n'était rien non plus. Hier il ne l'avait pas
reconnue et c'était tant mieux. Marguerite, instal-
lée à tricoter derrière son comptoir, se mit à appeler
d'une voix stridente : « Emilie, Emilie ! »
La jeune fille descendit les escaliers sans se presser :
295 — Eh bien, quoi, j'arrive !
— Quand est-ce que tu iras à la ferme chercher du
lait et du beurre ? Avec quoi je fabriquerai mes
cafés-crème ?
La veille au soir il faisait trop mauvais pour sortir
300 dans le noir, c'était entendu, mais Emilie aurait dû
filer ce matin à la première heure.
Une voiture s'arrêta devant l'auberge. Emilie
regarda par la fenêtre et reconnut Bertrand. Elle passa
dans l'arrière-cuisine au moment où il entrait.
305 Emilie ne fut pas étonnée de la conversation qu'elle
entendit, l'oreille collée à la porte. Bertrand l'avait

quittée naguère, c'était bien. Il avait pu réfléchir et
elle aussi.

— Bonjour, madame, disait Bertrand. Un café sans
rhum, s'il vous plaît, avec quelques tartines de beurre.   310

— Emilie, cria la grand-mère. Emilie !

Pas de réponse. Marguerite conclut :

— Elle est partie à la ferme. Pour le beurre vous atten-
drez le temps qu'il faudra.

Marguerite servit le café.   315

— J'ai rencontré Emilie autrefois, reprit Bertrand.
Nous nous étions perdus de vue, mais j'ai eu la chance
hier d'entrer dans votre auberge.

— Grand bien vous fasse !

— J'espère qu'elle se souvient de moi. Je désire beau-   320
coup lui parler. Je me suis informé au village. Je sais
que vous êtes sa grand-mère, qu'elle s'est mise à votre
service et qu'elle cherche à continuer ses études.

— Vous avez l'intention de demander ma servante
en mariage ?   325

Marguerite lança ces mots par moquerie, avec le plus
pur désintéressement. Bertrand répondit :

— Pourquoi pas ?

— Etes-vous sûr que ça l'intéresse ? dit Marguerite
sans se démonter.   330

— Je ne sais pas. Je dois d'abord la prier de me
pardonner parce que je n'ai pas su me faire comprend-
dre d'elle. Peut-être... peut-être ce serait mieux
qu'elle soit informée par votre intermédiaire. Elle
aurait l'assurance que ma démarche est tout à fait   335
sérieuse, et que je m'en remets à elle pour toute
décision.

— Où habitez-vous ?

   — Charleville. Un rez-de-chaussée dans un pavil-
340 lon pas loin de la Meuse.
   — Les rez-de-chaussée, c'est humide. Vous avez une
bonne situation, c'est sûr. Allez-vous à la messe?
   — De temps à autre.
   — Que font vos parents?
345 — Mon père est menuisier.
   — Vous vous appelez?
   — Bertrand Deslandes.
Soudain, Marguerite s'écria :
   — Par exemple! Son manteau est resté au clou. Elle
350 n'a pas pris son manteau pour aller à la ferme! Ou
bien plutôt elle n'y est pas allée. Elle se sera enfer-
mée dans la buanderie avec un livre, sous prétexte
de trier le linge.
   Marguerite alla ouvrir la porte de l'arrière-cuisine
355 et appela de sa voix la plus aiguë : « Emilie! » Aucune
réponse. Emilie n'était pas non plus dans la
buanderie.
   — Elle s'est rendue à la ferme, dit Bertrand qui avait
suivi Marguerite.
360 La ferme était à deux cents pas de la route. On y
allait par un chemin qui passait derrière l'auberge.
   — Je vais voir de ce côté, dit Bertrand.
   Marguerite repartit vers la salle du café en maugréant :
365 — Allez si vous voulez. Moi je me rentre. Sans son
manteau, sans son manteau...
   Bertrand sortit par la porte de la cour, gagna le petit
chemin où l'on avait passé le chasse-neige. Sur le bas-
côté il remarqua bientôt une profonde trace de pas
370 qui se perdait dans l'étendue neigeuse. Là-bas il y

avait un buisson de ronces. A l'angle du buisson parut
un instant, à travers les flocons, une silhouette qui
pouvait être celle d'Emilie. Bertrand appela :
« Emilie ! »

La jeune fille avait entendu sans manquer un mot 375
la conversation entre Bertrand et Marguerite. Quand
Marguerite s'exclama en apercevant le manteau
accroché dans la salle, Emilie se sauva à la buanderie. Elle ne tenait pas à être surprise à écouter derrière la porte. Elle ne comprit pas pourquoi elle 380
n'avait fait que traverser la buanderie et s'était trou-
vée dehors. Elle avait pris le chemin de la ferme, puis
s'était ravisée pour aller se cacher derrière le buisson de ronces. Il était difficile de marcher dans cette
neige et Bertrand l'avait sûrement aperçue avant 385
qu'elle passe derrière le buisson.
    Emilie se trouvait incapable de réfléchir et de cal-
culer quoi que ce soit. Elle n'avait d'autre désir que
de courir dans la neige et de s'éloigner, sans savoir
pour quelle raison.   390
    Elle fit un détour et regagna la route. Ç'aurait été
facile alors de revenir à l'auberge. Elle se dirigea vers
l'autre morceau du village de Mocquy-Grange, celui
qu'on nomme Grange. Là elle avait une vieille cousine. Elle pouvait se réfugier chez cette cousine et 395
lui raconter n'importe quoi. Bertrand ne viendrait
pas l'y trouver et on la chercherait tant qu'on voudrait jusqu'à ce qu'elle se décide à revenir. Emilie
passa sans s'arrêter devant la porte de la cousine et
prit un sentier entre deux maisons. Elle s'arrêta pour 400

souffler derrière le lierre qui grimpait au grillage d'un
jardin. Bertrand parut à l'entrée du sentier. Comment
avait-il pu la suivre si rapidement ? Elle repartit à
travers champs.

405   Elle connaissait tous les recoins du pays et les ressauts de terrain qui la dissimulaient aux regards. Elle
savait où elle franchirait le profond fossé qui la sépa-
rait de la grande ferme des Pleux. Si Bertrand pouvait la retrouver grâce aux empreintes dans la neige
410   profonde, elle saurait le dérouter du côté de la ferme.
Elle parvint à la ferme alors qu'il n'était pas en vue,
longea les bâtiments et retomba sur la route de
Varèze. On y avait aussi passé le chasse-neige. Elle
suivit la route. Après avoir fait cent pas elle s'arrêta
415   pour inspecter les environs. Personne dans la campagne blanche. Il ne tombait plus que de rares flocons, et à l'horizon d'un champ se devinait un
bandeau de ciel bleu.
    Une comédie. Pourquoi Bertrand s'entêterait-il
420   à la poursuivre ? Si elle voulait faire la capri-
cieuse, il n'avait qu'à attendre que cela se passe.
Ou bien renoncer à cette petite histoire d'amour,
comme il avait fait autrefois. En ce qui la concer-
nait, prétendrait-elle le mettre à l'épreuve, alors
425   qu'elle ne désirait que se jeter dans ses bras ? Mais
il ne s'agissait pas du tout de cela. Elle ne savait
pas de quoi il s'agissait. Elle vit soudain Bertrand
assez loin sur le talus de la route. Il lui tournait
le dos. Il avait dû perdre sa piste dans les environs
430   de la ferme où les empreintes se mêlaient et par-
courir un grand cercle afin de recouper son trajet.
Il n'avait rien recoupé. Dès qu'elle l'aperçut elle

s'enfuit de nouveau sur la route, rebroussant vers le village.

A sa gauche une haie. Elle courut derrière la haie qu'elle suivit. Là-bas entre les derniers flocons il y avait le morceau de ciel bleu. Elle alla vers le ciel bleu. De ce côté c'étaient les pentes qui descendent jusqu'aux peupliers de la rivière. Malgré la marche difficile, elle atteignit bientôt les peupliers. Lorsqu'elle fut parvenue dans la profondeur des files d'arbres dénudés, elle se tourna, et elle aperçut Bertrand qui dévalait une pente. Il avait retrouvé sa piste par une chance assez incroyable. Peut-être avait-il décidé d'aller à tout hasard vers le ciel bleu.

Mais il n'était pas non plus question de ciel bleu. Une affaire beaucoup plus angoissante qu'Emilie ne parvenait pas à comprendre et qui n'était pas étrangère pourtant à la vision d'une lumière. Ce n'était pas seulement la lumière de ceci ou de cela, de la neige, du ciel ou de la mer. Comme un déchirement du cœur où cette lumière inconnue entrait pour émerveiller le corps entier. Alors Emilie constata qu'elle claquait de froid. Elle n'était vêtue que de sa robe. Elle se remit à courir.

Il gelait à mort. Elle put encore mieux le comprendre lorsqu'elle parvint au bord de la rivière. Les eaux étaient tout à fait gelées. Sur les rives la glace s'était incurvée parce que le niveau de la rivière avait baissé. Au milieu, sur une largeur de deux mètres, là où était le courant, il n'y avait qu'une légère couche de neige, parce que sans doute l'eau ne s'était prise que pendant la nuit. Emilie n'hésita pas et traversa la rivière. Lorsqu'elle parvint sur la glace plus fragile, elle

465 entendit de longs craquements et elle crut qu'elle
allait passer au travers. Néanmoins, elle arriva sans
difficulté sur l'autre bord, et se hâta au milieu d'un
fouillis d'arbustes.

Ici c'était un terrain marécageux. Il n'y avait pas
470 à craindre de s'y enfoncer, mais la marche était péni-
ble à cause des multiples anfractuosités que recou-
vrait la neige. Elle s'acharna dans cette marche
difficile, se tordant les pieds, tombant même parfois
et se répétant : « Pas à craindre d'y enfoncer. Pas à
475 craindre... » Et soudain elle songea à Bertrand. S'il
voulait traverser la rivière, il y avait de grandes chan-
ces pour que la glace du courant cède sous son poids.
Elle pensa retourner vers la rivière dont elle s'était
à peine éloignée de cent pas, et à ce moment elle
480 entendit des craquements sourds et prolongés puis
un fracas éclatant. « La glace a crevé », dit-elle. Alors
elle se remit à fuir.

Elle parvint à une pente dégagée qu'elle gravit avec
peine. Vers le haut, elle s'arrêta : « Moi aussi je suis
485 morte », dit-elle. Son corps était saisi par un froid
terrible. Elle regarda une de ses mains nues qui était
sans couleur. Un quart d'heure, une demi-heure
encore de marche aveugle (comment savoir ?), puis
elle tomba.

490 Elle devait se trouver en bordure d'une route, car
il y avait là des traces de pneus. Elle ne pouvait reconnaître cette route ni les alentours. Elle murmura :
« Bertrand. » Elle n'avait aucun regret ni aucun
espoir. Le soleil brillait maintenant sur la neige. Etait-
495 ce cela la mort ?

Elle ne savait plus quel temps s'écoulait. Elle

regardait encore sa main. Cette main dont les doigts insensibles ne jouaient plus, cherchait à atteindre quelque chose sur la neige. Quelque chose? Oui, une fleur. Il y avait là soudain des quantités de fleurs. Elle murmura : « Des violettes. »

Aussitôt une voix grave lui répondait : « Ce ne sont pas des violettes. » Bertrand était étendu à côté d'elle dans son manteau couvert de glaçons. Il s'était sorti de l'eau, et maintenant aussi mort qu'elle-même... Elle ne fut pas étonnée. Elle murmura encore : « Des violettes. — Non pas des violettes, reprit Bertrand. Des statices. On est au bord de la mer. Ce sont des statices. » Elle répéta : « La mer. » Il déclara : « On est au printemps. »

Leur conversation s'arrêta brusquement. Plus rien à dire. Ils ne voyaient plus rien, déjà.

On raconte, ou plutôt Mazureau, un fermier de Seuil, raconte qu'on les a ramassés, qu'on les a dégelés et fourrés à l'hôpital. Ils mènent maintenant depuis des années une vie ordinaire. Ils vivront peut-être très vieux. Leurs enfants ont des yeux couleur de mer.

Un soir, 1977,
© Ed. Gallimard.

Notes

Les numéros entre parenthèses renvoient aux numéros des lignes.

(5) **Emergeaient :** apparaissaient.
    Cardère : plante sauvage.
(6) **Pylône :** poteau électrique.
(16) **Précision hallucinante :** très grande précision.

(19) **Étaient voués** : étaient condamnés à être isolés.

(21) **Qu'est-ce qu'elle fichait dans ce pays ?** (*familier*) : Qu'est-ce qu'elle faisait là ?

(22) **Le village... étiré** : le village est très étendu.

(44) **Cap Sounion** : célèbre lieu touristique, dans les environs d'Athènes.

(56) **Surveillante d'internat** : personne employée dans un lycée pour surveiller les élèves internes (qui sont logés dans l'établissement).

(63) **Par défi** : par provocation, pour prouver qu'elle est capable de le faire.

(75) **Planter un débit de boissons** : installer un bar.

(84) **Inébranlable** : qu'on ne peut changer en aucun cas.

(87) **Astiquer** : frotter pour faire briller un meuble ou un plancher.

(92) **Ce temps de chien** (*locution figée*) : très mauvais temps.

(118) **S.N.C.F.** : Société nationale des chemins de fer français.

(121) **Patelin** (*familier*) : village, localité.

(123) **Une bifurcation** : un carrefour, un lieu où plusieurs routes se croisent.

(185) **Gorge** : passage étroit entre deux montagnes.

(186) **Abruptes** : en pente raide.

(189) **Euphorbe** : plante qui renferme un sac laiteux, souvent vénéneux.

(218) **Une vie banale** : une vie sans histoires.

(246) **Montagnes arides** : montagnes desséchées, sans végétation.

(257) **De façon invincible** : rien ne pouvait les séparer.

(271) **Dépit** : déception.

(272) **Fous le camp** (*vulgaire*) : va-t-en.

(283) **Ébloui** : séduit, émerveillé, aveuglé.

(326) **Le plus pur désintéressement** : sans idées derrière la tête.

(330) **Sans se démonter** : sans perdre son assurance.

(352) **La buanderie** : pièce où on lave le linge.

(363) **En maugréant** : en manifestant sa mauvaise humeur à mi-voix.

(383) **Elle (...) s'était ravisée** : (se raviser) elle avait changé d'avis.

(405) **Les ressauts de terrain** : les inégalités du sol.

(409) **Empreintes** : traces de pas.

(413) **Chasse-neige** : véhicule servant à dégager les routes enneigées.

(433) **Rebroussant vers le village** : revenant sur ses pas.

(435) **Une haie** : une bordure d'arbres.

(453) **Elle claquait de froid** : elle claquait des dents à cause du froid très vif.

(469) **Un terrain marécageux** : un terrain boueux où l'on s'enfonce.

(471) **Anfractuosités** : creux, enfoncements.

(508) **Statices** : plantes cultivées en bordure de route.

La fougue
de la femme du savant

Francine Cicurel

Le téléphone sonne. Marc n'a pas envie de répon-   1
dre. La chaleur est lourde, inhabituelle pour un mois
de juin. Il est étendu sur son lit, entouré de livres. Qui
cela peut-il être ? Il fait rapidement le tour des gens
à qui il aurait envie de parler. Personne et surtout pas   5
sa mère. Mais si c'était Michaël son fils ? L'idée du
fils le décide à se lever. La sonnerie s'arrête. Pour
recommencer ensuite. — Allô oui ! je vous écoute.

— Allô ! ici Victoria Berger, allô !

Un silence. Le nom n'évoque rien pour Marc sinon   10
que c'est celui d'une femme. Pas française. Anglaise
ou américaine.

— Oui, bonjour.

— Marc ?

La voix est certainement anglaise. Mais à peine.   15
Juste ce qu'il faut. Marc n'est pas étonné de ne pas
l'identifier ; il parle à tout le monde mais n'entend
personne. Il oublie les gens dès qu'ils sont hors de
sa vue. Mais personne ne l'oublie, lui. Il a de l'esprit,
il est moqueur mais gentil. On le trouve toujours   20

« charmant ». Peut-être à cause des yeux, très bleus, et d'abondants cheveux presque blonds formant comme un casque autour de son visage.

Les chauffeurs de taxi se souviennent de lui. Monsieur, je vous ai chargé à l'Opéra il y a trois ans. Vous êtes allé à Passy chez votre mère. Si, si, c'était vous. Ah moi ! je suis physionomiste. Marc est si charmant qu'il feint de reconnaître le chauffeur de taxi. De quel signe êtes-vous ? Ah bon ! vous y croyez ? Mais je me souviens, vous m'aviez prédit l'avenir. Poissons, je suis Poissons, Lune dans le Taureau, Saturne sur la septième maison.

Marc répond à Victoria Berger qu'il est très heureux de l'entendre. Mais où a-t-il entendu cette voix ? Il sait qu'il la connaît, il sait qu'il devrait la connaître. Elle explique qu'elle a eu du mal à le trouver, qu'il n'est pas dans l'annuaire. Marc le sait. Qu'il a fallu qu'elle téléphone à tous les Elias. Il y en a beaucoup et finalement c'est une femme qui lui a donné le numéro. Mais elle était furieuse, Marc, on aurait dit qu'elle n'avait pas envie de le donner, ce numéro. Marc soupire pour deux raisons ; d'abord parce que ce n'est pas la peine d'être sur la liste rouge si des homonymes Elias révèlent son numéro et ensuite parce qu'il est agacé de ne pas se souvenir de Victoria Berger.

— Depuis quand êtes-vous à Paris ?

— Mais Marc, j'arrive, je suis à la gare, dans cette cabine où j'étouffe et d'où j'ai fait tous les numéros avant de vous joindre. Pensez-vous que j'aurais fait un pas, un seul dans votre ville, sans vous téléphoner immédiatement ?

Marc sort un grand mouchoir blanc de son pantalon gris et s'éponge. Elle a une jolie voix. Mais comment puis-je oublier une femme qui n'a en tête qu'une seule idée, celle de m'appeler, surtout lorsqu'il fait si chaud ? pense-t-il.

— Mais c'est très gentil, où êtes-vous Victoria ?

— Je suis à la gare du Nord et j'ai chaud mais ça ce n'est pas important, ce qui compte c'est qu'enfin je vous ai trouvé. Oh Marc, quelle histoire !

Marc s'éponge à nouveau. Il aime bien être gentil. L'idée qu'il pourrait blesser quelqu'un, être désagréable, lui est insupportable. Lorsque cela lui arrive, il est accablé de remords. Mais il est aussi très paresseux, il n'aime pas se déranger, aller dans de nouveaux endroits, faire des mouvements inutiles. Il règle presque tout par téléphone.

— Marc, pouvez-vous venir ?

— Mais je ne sais pas. Maintenant ?

Il cherche des excuses à avancer. Stupidement il n'en trouve aucune. Là, maintenant ? Il fait chaud, mais ce n'est pas une excuse suffisante. Il a un rendez-vous. Il sent qu'elle ne le croira pas. Sa voix se brisera. Il aura des remords toute la nuit. Cela l'empêchera de dormir. Par cette chaleur mieux vaut dormir que se tourner et se retourner dans son lit.

— Où voulez-vous que je vous retrouve ?

— Oh Marc ! je connais mal Paris. Je suis à la gare du Nord. Il y a un café en face, Chez Max. Je vous y attends, oh Marc ! j'ai fait une folie.

Marc raccroche et se prend la tête dans les mains,

qui est cette Victoria ? Et si c'était une folle ? Marc
connaît beaucoup de fous. Son ex-femme le lui reprochait. Chaque fois que dans une soirée il y a un détra-
85 qué, c'est vers toi qu'il va. Et qu'y puis-je, les fous
ne sont pas plus ennuyeux que les pas fous. Ignore-
les ! lui criait-elle, ou tu vas devenir aussi fou qu'eux.
Mais ma chère Louisa je suis déjà fou, fou de toi
par exemple. Son regard se faisait dur, ses yeux deve-
90 naient d'acier. Victoria est sûrement folle, donc elle
voudra m'épouser. Aussi folle que Louisa l'était.

Il appelle un taxi. Il essaie de se souvenir, il ras-
semble les éléments. Quelqu'un qui n'habite pas en
France, cet accent léger, à peine marqué, donc, elle
95 a appris et parlé longtemps le français, elle ne fait
pas de fautes.
— A la gare du Nord, s'il vous plaît !
Michaël a été la seule bonne chose de mon mariage.
J'attire les fous. Mais Victoria n'est pas folle. « J'ai
100 fait une folie », et elle a ri, légèrement, un joli rire.
C'est agréable une femme qui possède un joli rire.
Si elle était folle, elle n'aurait pas dit qu'elle a fait
une folie. Quelle folie ? J'aurais peut-être dû me
changer.
105 Son vieux pantalon gris et sa chemise rayée ne le
satisfont pas. Il est distrait, toutes les femmes et surtout sa mère le lui disent, et sa mère ajoute : « Tu
aurais dû épouser la fille d'un teinturier » parce qu'il
fait des taches et qu'il s'en fiche, ça part avec un peu
110 d'eau, répond-il invariablement. Louisa était la fille
d'un bijoutier qui vendait des bijoux laids. Elle se
vexait quand Marc disait qu'il ne les aimait pas. Il

tolérait tout ou presque sauf les formes laides. Son
métier est de dessiner, il sait ce qu'il aime et ce ne
sont pas les bijoux du père de Louisa.   115

Ils ont fini par divorcer, après six ans de vie conju-
gale faite de reproches et parfois d'amour.

La gare du Nord approche. Marc cherche dans ses
poches de l'argent. Les billets sont froissés, le pourboire est royal. Le chauffeur se souviendra de lui.   120

Il aperçoit le bar « Chez Max ». Comment saura-t-il
qui elle est ? Et s'il ne la reconnaissait pas du tout ?
Il dira qu'elle a beaucoup changé, embelli naturellement.

Même quand elle est assise, on peut deviner qu'elle   125
est grande. Voyant Marc pénétrer dans le café, les
mains dans les poches, un peu voûté, juste ce qu'il
faut pour qu'on dise de lui qu'il a un charme fou,
elle se lève et dit :

— Marc, si longtemps que j'attends ce moment.   130
Il a fallu quelques secondes à Marc pour mesurer
l'étendue du désastre. Victoria est l'épouse du philosophe Jules Berger, rencontrée l'année dernière à un
colloque sur Le progrès de la conscience dans la philosophie occidentale. Marc s'y était rendu parce qu'on   135
lui avait demandé de faire le portrait des orateurs.

Victoria est la respectable femme d'un très honora-
ble spécialiste de la philosophie de Maine de Biran.
Ses cheveux sont apprêtés, elle sort de chez le coif-
feur mais cela ne parvient pas à éteindre son éclatante   140
beauté.

Il murmure :

— Mais Victoria, comment se fait-il...

Elle lui coupe la parole, le prend par le bras, lui
145 fait signe de s'asseoir, le regarde de ses longs yeux
bruns parfaitement maquillés. Est-elle une vraie
blonde ? se demande Marc. Une femme de moraliste,
ce n'est pas sexy. Il s'en veut de cette pensée, il chasse
les visions du corps de Victoria, grand, blanc, un peu
150 lourd près des cuisses. C'est la femme d'un profes-
seur de philosophie morale.

— Je suis là, Marc, et heureuse.

Elle rit comme une petite fille prise en faute.

— Quelle folie, Marc, je suis partie, partie.
155 C'est seulement à ce moment-là que Marc aperçoit
les deux énormes valises derrière la chaise de Victoria.

— Comment avez-vous porté ces valises toute seule ?
demande-t-il peureusement.

— Oh ! C'est horriblement lourd, par cette chaleur
160 surtout, et où vais-je aller ? Marc, savez-vous que je
suis partie ! Sans même avoir votre adresse mais je
savais que je vous retrouverais.

Elle pose sa main sur le bras de Marc. La main est
grande, mais les doigts sont épais, enflés par la cha-
165 leur. Elle doit faire un régime pour ne pas être trop
grosse mais ça ne marche pas pour les mains. Il sent
cette main, il voudrait qu'elle l'enlève, il sent que
ses beaux yeux en amande sont sur lui, il ne lève pas
les yeux pour ne pas les affronter.

170 — Je suis perdu, pense-t-il.

Elle explique :

— Vous savez, depuis l'année dernière je ne pense qu'à
vous. Capricorne et Sagittaire. J'ai lu tous les livres

là-dessus. Vous m'aviez dit des choses tellement
vraies. Le goût de l'aventure, le voyage, la philoso- 175
phie. C'est tout à fait moi. L'exotisme. Oui, c'est
exactement ça, personne ne m'avait jamais aussi bien
comprise auparavant. Surtout pas lui. Monter à che-
val, oh oui ! si je ne m'étais pas mariée avec une personne comme lui, la forêt vierge, l'Amazonie. Mais 180
lui, il aime sa maison, nous ne voyons que des gens
ennuyeux, les sujets de conversation sont toujours
les mêmes. Il est respecté de tous sauf de moi. Même
ses conférences ne m'intéressent plus. Et pourtant
je l'ai épousé pour ses conférences. Je suivais tous 185
ses cours, je voulais le connaître, il sait tout sur la
philosophie, il est incollable et cela me fascinait. Mais
vous savez, Marc, combien de temps peut-on sup-
porter la laideur, la petitesse, la mesquinerie ? Il ne
me regarde pas. Ce n'est pas comme vous, Marc, 190
vous savez regarder une femme, je m'en suis aperçue tout de suite, pendant le repas, vous étiez en face
de lui mais vous n'êtes pas comme tous les autres,
ce n'est pas lui qui vous intéressait, c'était moi. Et
c'est pour cela que je suis venue. 195

Louisa a raison, se dit Marc. Il lui demande ce
qu'elle va faire. La pression de la main augmente.
— Marc, regardez-moi.
Il obéit ; il voit son beau visage et sa peau lisse de
belle fille. Elle est maquillée avec soin. Tout à fait 200
splendide. Marc se sent las.
Une fois de plus, pas à la hauteur de la situation.
Tout juste bon à dessiner des petits bonshommes.
Il entend le dédain de la voix maternelle. Jamais tu

₂₀₅ ne retrouveras une femme comme Louisa, efficace,
ordonnée, intelligente.

Que dirait Maman de Victoria ?

— Victoria, est-ce que votre mari sait que vous êtes
partie ?

₂₁₀ Elle éclate d'un rire forcé.

— Mais je m'en fiche totalement de ce qu'il pense
et de ce qu'il croit. Il ne verra qu'une chose : sa cui-
sinière a disparu.

— Victoria, où avez-vous appris à parler si bien le
₂₁₅ français ?

— Darling, je vous retrouve tout à fait ; les choses
insignifiantes à côté des problèmes graves. En
Égypte. Ne vous avais-je pas dit que j'étais issue
d'une grande famille égyptienne ? Naturellement tout
₂₂₀ le monde parlait français et la nurse nous enseignait
l'anglais. Jamais je ne faisais la moindre tâche ména-
gère, mais avec lui ! Il s'imagine que je vais perdre
ma vie à lui préparer des plats que de toute façon
il trouve sans saveur. C'est lui qui est sans saveur !
₂₂₅ — Savez-vous... je suis touché que vous m'ayez
contacté tout de suite à votre arrivée en France.

— Mais Marc, il ne s'agit pas de cela.

Victoria retire vivement sa main et se retourne. Elle
a un joli profil avec un nez bien dessiné.
₂₃₀ — C'est pour vous que je suis venue, depuis notre
conversation je ne pense qu'à cela, venir ici et vous
revoir. Mais est-ce que vous comprenez ?

Marc se met à nouveau la tête dans les mains. Il
tâche de se souvenir de Victoria et de son mari, le
₂₃₅ spécialiste de Maine de Biran. Ils formaient un couple
contrasté ; elle, grande et élégante, portant des perles

autour du cou, sur une robe bien coupée, et lui, petit,
les lunettes sur le nez, sûrement bien plus âgé qu'elle.
Ils n'avaient pas d'enfants. Marc s'interroge ;
comment avait-il pu, lors de leur unique rencontre, 240
donner à Victoria l'impression qui l'avait conduite
à tout abandonner pour débarquer à la gare du Nord
avec ses deux valises ?

Il était gentil avec *toutes* les femmes, il les regardait
toujours dans les yeux, il leur parlait d'une façon très 245
personnelle, il avait ses talents d'astrologue qui lui
permettaient immédiatement de dire et comprendre
leur vie secrète. Cela agaçait Louisa. Arrête tes balivernes. Tais-toi. Ne les regarde pas ainsi. Marc sédui-
sait facilement les femmes. Rares étaient celles qui 250
le séduisaient. Il préférait sa page blanche qu'il couvrait de petits bonshommes d'une plume habile.

Il croque mentalement Victoria. Le cou un peu fort.
Si altière. Que fait-elle dans ce minable café de la
gare du Nord ? 255
Marc la regarde. De beaux yeux très allongés mais
humides à force de vouloir convaincre. Il se résout
à la raisonner. Son mari est-il au courant ? Juste une
lettre. Sait-elle qu'elle se met dans son tort ? Mérite-
t-il d'être ainsi abandonné ? Marc pense au petit 260
homme myope, des yeux bleus cerclés de métal dans
un visage trop blanc, un dos voûté, une parole facile,
une vivacité parfois méprisante, un accent étranger
dans toutes les langues. Victoria, à quoi avez-vous
pensé en l'épousant ? Mais est-ce qu'elle n'a pas déjà 265
dit à Marc qu'elle était hypnotisée, qu'il parlait bien,
qu'il avait réponse à toutes les questions, ses étudiants

le respectaient, le suivaient, l'interrogeaient. Et elle,
Victoria, avait été choisie. Marc se tait puis il
270 demande :
— Mais savez-vous où vous allez vivre maintenant ?
Elle a cessé de sourire. Elle lève le menton et prend
une expression froide. Elle semble comprendre, très
vite.
275 — Je suis sûr qu'il vous appréciera maintenant.
— Mais là n'est pas la question, s'impatiente-t-elle.
Je dois être terriblement ennuyeux, pense Marc.

Il la raccompagna à la gare, ils cherchèrent le prochain train pour Bruxelles. Elle marchait comme une
280 somnambule. Toute force semblait l'avoir abandon-
née. Ses cheveux étaient plus ternes que tout à
l'heure. Elle n'avait plus de rouge sur les lèvres.
Elle monta dans le train sans se retourner. Marc
hissa les deux lourdes valises. Il se sentit coupable. Le
285 vieil érudit récupérerait sa femme le lendemain matin,
grâce à lui. Il avait brisé l'élan de vie de Victoria.
Marc regarda s'éloigner le train. Victoria était assise
près de la fenêtre, droite et immobile. Elle ne lui fit
pas un signe, ni de la main ni de la tête.

290 Une année plus tard, Marc revit monsieur et
madame Jules Berger à un congrès sur La mort en
Occident. Victoria s'approcha de Marc et lui dit :
— Vous savez, j'ai tout oublié. Merci.

Juillet 1983

Notes

Les numéros entre parenthèses renvoient aux numéros des lignes.

Fougue : ardeur, emportement, enthousiasme.

(27) **Physionomiste :** quelqu'un capable de reconnaître du premier coup d'œil une personne rencontrée.

(28) **Il feint :** il fait semblant.

(43) **Liste rouge :** liste des abonnés qui ne veulent pas figurer dans l'annuaire téléphonique.

(44) **Des homonymes :** des personnes portant le même nom.

(64) **Il est accablé de remords :** il se fait des reproches.

(84) **Un détraqué** (*familier*) **:** un fou.

(119) **Le pourboire est royal :** il donne au chauffeur un énorme supplément.

(138) **Maine de Biran :** philosophe français du XIXᵉ siècle.

(248) **Balivernes :** propos futiles et creux.

(266) **Hypnotisée :** fascinée, éblouie.

(285) **Un érudit :** un savant.

La paupière de gauche

Françoise Sagan

Le Mistral — pas le vent, le train — transperçait   1
la campagne. Assise près d'une de ces fenêtres qui
ressemblait tellement à un hublot tant ce train était
fermé, bloqué et presque cadenassé, Lady Garett se
répétait une fois de plus, à trente-cinq ans, qu'elle   5
eût bien aimé vivre dans une de ces humbles ou
somptueuses bicoques qui bordent la Seine avant
Melun. Raisonnement logique puisqu'elle avait eu
une vie agitée ; et que toute vie agitée rêve de calme,
d'enfance et de rhododendrons aussi bien que toute   10
vie calme rêve de vodka, de flonflons et de perversité.

Lady Garett avait fait « carrière », comme on dit,
dans maintes chroniques et dans maintes histoires
sentimentales. Ce jour-là, tout en admirant le côté
paresseux de la Seine, elle se plaisait à préparer les   15
phrases qu'elle dirait à son amant, Charles Durieux,
commissaire-priseur à Lyon, dès son arrivée : « Mon
cher Charles, ce fut une aventure délicieuse, exoti-
que pour moi, même, à force d'insignifiance, mais
il faut le reconnaître, nous n'étions pas faits l'un pour   20
l'autre... » Et là, Charles, le cher Charles rougirait,
balbutierait ; elle tendrait une main souveraine dans

le bar du Royal Hôtel — main qu'il ne pourrait rien
faire d'autre que de baiser — et elle disparaîtrait, lais-
25 sant derrière elle des ondes de regards, des relents
de parfums, des lento, des souvenirs... Pauvre Charles, cher Charles si dévoué sous sa petite barbiche...
Bel homme, au demeurant, viril, mais enfin quoi,
un commissaire-priseur lyonnais ! Il aurait dû se ren-
30 dre compte lui-même que cela ne pouvait durer.
Qu'elle, Letitia Garett, née Eastwood, ayant épousé
successivement un acteur, un Aga, un fermier et un
P.-D.G., ne pouvait raisonnablement finir sa vie avec
un commissaire-priseur !... Elle hocha la tête une
35 seconde et se reprit aussitôt. Elle avait horreur, en
effet, de ces mouvements machinaux qu'ont les femmes seules — ou les hommes seuls d'ailleurs — dans
la vie, dans la rue, partout, pour ponctuer silencieu-
sement leurs décisions intimes. Elle en avait trop vu
40 de ces mouvements du menton, de ces froncements
de sourcils, de ces gestes tranchants de la main qui
appartiennent aux solitaires, quel que soit leur état
mental, ou leur classe sociale. Elle prit son poudrier,
se repoudra le nez à tout hasard, et une fois de plus
45 intercepta le regard du jeune homme, deux tables
plus loin qui, depuis le départ de la gare de Lyon,
lui assurait, lui confirmait qu'elle était toujours la
belle, insaisissable et tendre Letitia Garett, fraîche-
ment divorcée de Lord Garett et chaudement entre-
50 tenue par le même.

C'était drôle d'ailleurs à y penser, que tous ces hommes qui l'avaient tant aimée, qui avaient tous été si
fiers d'elle et si jaloux, ne lui en aient jamais voulu
à la fin de les abandonner ; ils étaient toujours restés

bons amis. Elle s'en faisait un orgueil, mais peut-être, au fond, avaient-ils été tous obscurément soulagés de ne plus partager ses perpétuelles incertitudes... Comme le disait Arthur O'Connolly, l'un de ses plus riches amants, « On ne pouvait pas plus quitter Letitia qu'elle ne pouvait vous quitter ! ». Il était riche, mais poète, cet homme. En parlant d'elle, il disait : « Letitia, c'est pour toujours le réséda, la tendresse, l'enfance », et ces trois mots avaient toujours ulcéré les femmes qui l'avaient suivie dans la vie d'Arthur.

Le menu était des plus copieux. Elle le feuilleta d'une main distraite et arriva à une chose épouvantable où, dans le même brouet, traînaient apparemment des céleris rémoulade, des soles historiques et un rôti révolutionnaire, plus des pommes soufflées, des fromages à la va-vite et des bombes de carton-pâte à la vanille. Etrangement, dans les trains, tous les menus avaient à présent un air mi-Oliver mi-Michelet. Elle sourit un instant en pensant qu'un jour elle verrait des soles guillotinées ou quelque chose d'aussi bête, puis jeta un coup d'œil interrogateur vers la vieille dame qui lui faisait face. Elle était visiblement une dame de l'arrivée, une Lyonnaise. Elle avait l'air doux, vaguement gêné et des plus honnêtes. Letitia lui passa le menu et aussitôt la dame hocha la tête, sourit, lui re-adressa le menu avec mille contorsions aimables et discrètes qui firent comprendre à Letitia à quel point, et malgré le temps, elle avait toujours l'air typiquement anglo-saxonne. « Après vous, disait la dame, après vous... » « Mais non, je... voyons », répliquait Letitia d'une voix faible

(et elle sentait son accent, dans ces cas-là, redoubler...)
« Mais non. Croyez-vous que le melon est bon ? »
« Soit bon » lui dit automatiquement une voix inté-
90 rieure, trop tard. Il y avait déjà sur les lèvres de cette
femme en face un petit sourire indulgent dû à cette
faute grammaticale, et elle n'eut pas le courage de
se rectifier elle-même. Elle en conçut quelque
humeur, puis se dit aussitôt qu'il était bien bête de
95 sa part de s'énerver pour si peu de chose et qu'elle
ferait mieux de penser à l'exorde qu'elle adresserait
à Charles dans trois heures. La grammaire n'avait
rien à faire dans les discours passionnels, tout au plus
pouvait-on dire — d'après l'expérience assez longue
100 qu'elle avait maintenant du français — que la place
des mots changeait complètement une phrase. Ainsi,
entre dire à un homme « Je vous aime beaucoup »
ou « Je vous ai beaucoup aimé », et dire « Je vous
aimerai toujours » ou « Je vais toujours vous aimer »,
105 il y avait là des mondes passionnels, incompréhen-
sibles et qu'elle-même avait eu le plus grand mal à
résoudre, aussi bien sur le plan sentimental que sur
le plan grammatical.

Ce train allait décidément à une vitesse folle. Il lui
110 sembla qu'elle ferait une sorte de bonne action, de
politesse au wagon tout entier si elle allait se rema-
quiller, se laver les mains, se donner un coup de peigne avant que n'arrivent le steak flambé, la sole
guillotinée et la bombe dégoupillée qui allaient
115 constituer une heure durant son destin le plus proche. Elle fit un petit sourire à la Lyonnaise et, de sa

démarche si connue — mais il fallait bien le dire, dans
ce train, si désorganisée —, elle se dirigea vers la porte
vitrée automatique qui s'écarta illico avant de la pré-
cipiter presque involontairement dans les toilettes de
gauche. Elle mit le verrou précipitamment. C'était
bien ça, le progrès, la vitesse, le silence, c'était très
bien ! Mais vraiment il fallait des muscles d'acier,
un comportement de Tyrolienne et une vue d'équi-
libriste pour traverser un simple compartiment entre
Paris et Lyon, en 1975. Elle pensa brusquement avec
envie à ces astronautes qui, sans apparemment la
moindre secousse, allaient jusqu'à la lune, y descen-
daient, n'avaient aucun problème de vestiaire et ren-
traient chez eux, illico dans l'eau, illico recueillis par
de joyeux marins enthousiastes. En fait de joyeux
marins enthousiastes, ce qui l'attendait, elle, à l'arrivée de ce train, c'était un commissaire-priseur, jaloux,
morose et ayant toutes les raisons de l'être puisque,
après tout, elle faisait ce trajet rapide et heurté uni-
quement pour rompre.

C'était encore bien pire dans cet endroit aseptisé,
kaki et grotesque, que dans les wagons qui au moins,
avec leurs petits reps, leurs petits œillets et leur côté
moderne d'ores et déjà démodé, faisaient un effort
de pimpant. La cuvette était ronde et, se cramponn-
nant d'une main à un robinet, elle essaya d'ouvrir
son sac qui débordait, car on arrivait à Dijon et que,
le train s'arrêtant, les freins agissaient en consé-
quence, son sac donc, ballotté entre deux destins, ou
la suivre ou suivre le mouvement de Faraday, son
sac pris entre deux mouvements contraires craqua,
s'ouvrit et se répandit sur le sol. Elle se retrouva donc

à quatre pattes, ramassant — tout en se heurtant la
150 tête aux rebords de la cuvette et à d'autres —, elle
se retrouva cueillant par-ci son rouge à lèvres, par-
là son carnet de chèques, par-là son poudrier, par-là
ses billets ; et lorsqu'elle se releva, le front légèrement nimbé de sueur, le train était bien arrêté, tran-
155 quille à Dijon. Avec un peu de chance, elle disposait
de deux ou de trois minutes pour tranquillement,
sans se livrer à des pantomimes genre Marcel Marceau, remettre son mascara.

   Bien entendu, c'était la seule boîte qui n'eût pas
160 giclé de son sac et elle la chercha fébrilement dix
secondes avant de mettre la main dessus. Elle
commença par la paupière gauche. D'ailleurs, c'était
son œil préféré, le gauche. Dieu sait pourquoi, tous
ses amants, tous ses maris avaient toujours préféré
165 son œil gauche à son œil droit et le lui avaient dit.
« Il est, disaient-ils, plus tendre que le droit » et elle
avait toujours gentiment, paisiblement admis qu'elle
était meilleure à gauche qu'à droite. C'était drôle,
à y penser, l'image que les gens vous renvoient de
170 vous-même. C'était toujours un homme qui la lais-
sait froide qui lui avait signalé dans la paume de sa
main la proéminence du Mont de Vénus et, donc,
sa sensualité. C'était toujours un homme qui
l'ennuyait qui lui avait signalé qu'elle était gaie, et,
175 plus triste, c'était toujours un homme qu'elle aimait
qui lui avait signalé qu'elle était égoïste.

   Le train repartit avec un rude cahot qui la fit chanceler et du même coup se balafrer la joue de haut
en bas d'une traînée noirâtre de mascara. Elle jura
180 intérieurement en anglais, s'en voulut aussitôt. Après

tout, elle allait retrouver et quitter un amant français. A force de vagabonder partout dans le monde, Lady Garett avait pris l'habitude de réfléchir, de penser, de souffrir même, dans la langue qui était celle de ses amants. Elle rectifia donc, et là à voix haute, son juron par un juron du même sens mais purement français, replia son mascara, l'enfouit dans son sac et décida que cette Lyonnaise supporterait en face d'elle une femme avec un sourcil fait et pas l'autre. Elle se donna un léger coup de peigne et tenta de sortir.

Elle tenta mais n'y arriva pas. La porte résistait. Elle sourit, secoua le loquet, secoua la porte et dut convenir que quelque chose ne marchait pas. Cela la fit rire. Le train le plus moderne et le plus rapide de la France avait un léger défaut dans un système d'ouverture. Après six ou sept tentatives identiques, elle reconnut avec stupeur que le paysage continuait à se dérouler par le petit hublot de gauche, que son sac était fermé et bien fermé, elle-même prête à aller manger son maudit menu mais que cette porte s'interposait entre elle et ce futur pourtant bien anodin.

Elle secoua à nouveau la porte, elle l'agita, elle la frappa, une sorte de colère montait en elle, comme une lave, une colère enfantine, grotesque, une colère de claustrophobe que, pourtant, elle n'était pas. Dieu merci, elle avait toute sa vie échappé à ces manies modernes : la claustrophobie, la nymphomanie, la mythomanie, la drogamanie, et la médiocrité. Enfin du moins le pensait-elle. Mais là, brusquement, elle

se retrouvait elle-même, Letitia Garett, amenée par
son chauffeur jusqu'à la gare de Lyon par un beau
matin de septembre, attendue à Lyon même par son
amant dévoué, elle se retrouvait en train de se cas-
215 ser les ongles, de s'exaspérer et de tambouriner contre
une porte de plastique solidifié qui ne voulait pas
céder à ses vœux. Le train allait très vite à présent,
et elle était tellement secouée que, le premier instant de colère passé, elle se résigna au pire, c'est-à-
220 dire à l'attente, et, rabattant pudiquement le couver-
cle des toilettes, elle s'assit dessus, les genoux repliés
sous elle, vierge pudique tout à coup, comme elle
ne se serait jamais assise dans un salon bondé d'hommes. Le sentiment du ridicule, peut-être. Elle se vit
225 dans la glace, s'entraperçut, plus exactement, son sac
replié sur ses genoux comme une fortune, les cheveux hirsutes, un seul œil fait. A sa grande surprise,
elle s'aperçut que son cœur battait fort, comme il
n'avait pas battu depuis longtemps ni pour ce pau-
230 vre Charles qui l'attendait, ni pour ce pauvre Lawrence — juste avant — qui lui, Dieu merci, ne
l'attendait plus. Quelqu'un allait bien venir quand
même, et de l'extérieur automatiquement ouvrir la
porte. Malheureusement, tous ces gens étaient en
235 train de déjeuner et les Français ne se déplaçaient
jamais à table, quoi qu'il arrive ; ils étaient rivés à
leurs plats, au va-et-vient des maîtres d'hôtel, à leurs
petites bouteilles. Aucun d'eux n'oserait bouger
durant cette cérémonie implacable qui était leur ron-
240 ron quotidien. Elle appuya sur la pédale de la chasse
d'eau deux fois, pour s'amuser, puis décida, toujours
assise bêtement et dignement, qu'elle essaierait

d'équilibrer son œil droit et son œil gauche. La vitesse
merveilleuse du train lui permit de consacrer dix bon-
nes minutes à cet équilibre. A présent, elle avait soif ₂₄₅
et elle avait pratiquement faim. Elle ré-essaya la porte
d'une main timide, mais toujours en vain. Bon, il
ne fallait pas s'énerver, il fallait attendre que les gens
à côté, à droite, à gauche, ou le contrôleur, ou un
garçon ou quelqu'un se décide à utiliser cet endroit, ₂₅₀
et elle pourrait regagner sa place et se rasseoir en
face de la dame lyonnaise et préparer tranquillement
son speech pour Charles. D'ailleurs, puisqu'elle était
là et qu'elle était en face de la glace, pourquoi ne
pas s'entraîner ? Elle fixa ses grands yeux bruns, ses ₂₅₅
beaux cheveux bruns dans le petit miroir pas tellement optimiste de la S.N.C.F., et commença :

« Charles, mon cher Charles, si je vous dis ces mots
cruels aujourd'hui, c'est parce que je suis quelqu'un
de trop volage, de trop inconstant, que sais-je, que ₂₆₀
j'en ai souffert toute ma vie comme j'en ai fait souffrir d'autres que vous, et que j'ai trop d'affection pour
vous, Charles, pour même imaginer les scènes affreu-
ses où nous arriverions très vite, vous et moi, si,
comme vous me l'avez si tendrement demandé, ₂₆₅
j'acceptais de vous épouser. »

A gauche, par le hublot, il y avait les moissons allon-
gées comme des quilles blondes le long des collines
vertes et mordorées, et elle sentit son émotion grandir en même temps que ses paroles : ₂₇₀

« Car enfin, Charles, vous vivez entre Paris et Lyon
et moi. Et moi, entre Paris et le monde. Vos escales,
c'est Chambéry, les miennes, c'est New York. Nous
n'avons pas le même rythme de vie. J'ai trop vécu,

275 peut-être, Charles, dit-elle, je ne suis plus la jeune fille
que vous méritez. »

Et c'était vrai que Charles méritait une jeune fille
tendre et confiante comme il l'était lui-même, et naïve
comme il l'était aussi. Il était vrai aussi qu'elle ne le
280 méritait pas. Ses yeux se remplirent de larmes, tout
à coup. Elle les essuya d'un mouvement brusque et,
du coup, se redécouvrit assise sur ce siège ridicule,
le mascara dilué et la bouche ouverte, et seule. Après
une seconde d'hésitation, le rire la prit, et elle se mit
285 à pleurer de rire, toute seule, sans pouvoir s'arrêter
et sans savoir pourquoi, toujours cramponnée à
l'espèce de poignée destinée aux voyageurs fatigués.
Elle se faisait penser à Elisabeth II, au Parlement, ou
à Victoria, ou à n'importe qui de ce style, pérorant
290 sur un fauteuil devant une foule invisible, silencieuse
et consternée. Soudain, elle vit la poignée se lever,
s'abaisser, se relever, se rabaisser et elle resta pétri-
fiée d'espoir, son sac à la main, prête à la fuite. Puis
la poignée cessa de bouger et elle se rendit compte
295 avec horreur que quelqu'un était venu, avait cru, à
bon escient d'ailleurs, l'endroit occupé, et était reparti
tout aussi tranquillement. Il fallait qu'elle guette à
présent, et qu'elle hurle. D'ailleurs, pourquoi ne pas
hurler tout de suite ? Elle n'allait pas quand même
300 passer deux heures jusqu'à Lyon dans cet endroit
minable. Il y avait sûrement une solution, quelqu'un
passant par là entendrait bien ses cris et, après tout,
mieux valait le ridicule que l'ennui morbide auquel
elle serait automatiquement livrée dans peu de temps.
305 Alors, elle hurla, elle cria « Help ! » d'abord, d'une voix
un peu rauque, et puis, se rappelant bêtement qu'elle

était en France, elle cria « Au secours ! Au secours ! Au
secours ! Au secours ! » d'une voix pointue qui, Dieu
sait pourquoi, lui redonna le fou rire. A sa grande
stupeur, elle se retrouva assise sur ce maudit siège
et se tenant les côtes. Peut-être serait-il bon qu'après
avoir rompu avec Charles, elle aille se faire faire une
sorte de cheek-up nerveux à l'Hôpital Américain ou
ailleurs... D'ailleurs, c'était bien sa faute, elle n'aurait
jamais dû voyager seule. « Ils » le lui avaient toujours
dit : « Ne voyagez pas seule. » Car enfin, si par exemple Charles était venu la chercher, comme il l'en avait
d'ailleurs suppliée par téléphone, il serait actuellement en train de la chercher partout, de taper à toutes les portes, et elle serait d'ores et déjà délivrée,
dégustant cette sole à la du Barry ou Dieu sait quoi,
en face du regard admiratif, si tendre et si protec-
teur de Charles. Evidemment, si Charles avait été là...

Seulement, grâce à ses propres ordres, Charles était
actuellement, sûrement d'ailleurs, déjà, à Lyon-
Perrache, un bouquet de fleurs à la main. Il ne savait
pas que son bel amour était coincé comme une bête
fauve, entre quatre murs ripolinés, et qu'il allait voir
sortir peut-être une femme échevelée, hors d'elle, les
nerfs brisés, au bout de son voyage. Même pas de
livres ! Elle n'avait même pas un livre dans son sac !
La seule chose à lire dans cet endroit disait de bien
faire attention en sortant, de ne pas se tromper de
porte et de ne pas sauter sur la voie. C'était drôle,
ça, c'était humoristique ! A tout prendre, elle aurait
préféré sortir de ce fichu endroit et se jeter sur la
voie. Tout, plutôt que cette espèce de boîte asepti-
sée, ce contre-temps ridicule, cette atteinte directe

à sa liberté, atteinte que personne n'avait osé depuis
bien dix ans, maintenant. Depuis dix ans, personne
n'avait osé l'enfermer. Et surtout, depuis dix ans,
chacun avait essayé illico de la délivrer de quelque
chose ou de quelqu'un. Mais là, elle était seule
comme un vieux chat, et elle donna un coup de pied
violent à la porte qui lui fit horriblement mal, abîma
ses escarpins neufs de Saint-Laurent et ne servit à
rien. Se tenant le pied, elle retomba assise et se surprit à murmurer : « Charles ! oh Charles ! » d'une voix
plaintive.

Bien sûr, il avait des défauts, Charles : il était tâtil-
lon et, vraiment, sa mère n'était pas drôle, ni ses amis,
d'ailleurs, et vraiment elle en avait connu de plus
gais et de plus beaux et de plus originaux, quoi. Mais
quand même, si Charles avait été là, toutes les portes de tous les vestiaires de tous les trains seraient
ouvertes depuis longtemps, et il la regarderait avec
ses yeux de cocker, il mettrait une de ses grandes
mains, si longues et si carrées à la fois, sur la sienne,
et il lui dirait : « Vous n'avez pas eu trop peur ? Cela
n'a pas été trop désagréable, cette histoire idiote ? »,
et il s'excuserait même de n'avoir pas agi plus tôt,
et peut-être parlerait-il de faire un procès à la
S.N.C.F. Car il était fou, au fond, malgré ses airs
mesurés. En tout cas, il ne supportait pas que quoi
que ce soit de déplaisant lui arrivât. Charles était un
homme qui se faisait du souci pour elle et, à y bien
penser, il n'y en avait plus tellement de cette race.
Non pas qu'elle manquât d'hommes qui se fassent
du souci pour elle, ça non, c'était une notion trop
vague et trop absurde en soi, mais en général cela

manquait d'hommes se faisant du souci pour les femmes. Toutes ses amies le lui disaient et, au fond, elles avaient sans doute raison. C'était un bon vieux slogan de l'époque, mais pas si faux. Car après tout, dans les mêmes circonstances, Lawrence aurait pensé, en ne la voyant pas réapparaître, qu'elle était descendue à Dijon pour retrouver un autre que lui, et Arthur aurait pensé... rien. Il aurait bu jusqu'à Lyon en interrogeant deux ou trois fois le maître d'hôtel, et, finalement, il n'y aurait eu que Charles, avec sa cravate à raies et son air calme, qui aurait révolutionné tout le Mistral pour elle. Oui, il était bien dommage qu'ils dussent rompre. A y penser, c'était fou. Elle avait trente-six ans, depuis vingt ans elle ne s'occupait que des hommes — de ses hommes —, de leurs manies, de leurs histoires, de leurs femmes, de leurs ambitions, de leur tristesse, de leurs envies, et là, dans ce train, coincée de la manière la plus grotesque qui soit par un loquet indocile, elle ne voyait brusquement qu'un homme qui pût la tirer de là, et c'était justement à cet homme (grâce auquel elle était dans ce train et vers lequel elle voguait) qu'elle allait signifier une fois pour toutes qu'elle n'avait pas besoin de lui, pas plus que lui besoin d'elle ! Et pourtant elle était, mon Dieu ! convaincue de tout cela en montant dans ce train, une heure plus tôt ! Et de quel ton décidé avait-elle dit à Achille, son chauffeur, de revenir la chercher le lendemain, à la même heure, toutes chaînes rompues ! (*In petto*, bien sûr.) Et comme elle avait imaginé avec joie ce même matin, l'idée de rentrer à Paris, seule, libre, sans mensonges et sans devoir ; sans la moindre obligation

d'attendre un coup de téléphone de Lyon, de refu-
ser un dîner amusant à cause d'une arrivée éventuelle
405 de Lyon, de décommander brusquement un rendez-
vous bizarre à cause de la présence de Lyon... Oui,
en se réveillant ce matin chez elle, elle exultait, brusquement partagée entre l'amusement de prendre le
train, pour une fois, et de traverser la belle campa-
410 gne française, et l'amusement, plus féroce, d'être
loyale et nette, et de se déplacer pour signifier à
quelqu'un qu'elle était loyale et nette en même temps
que perdue pour lui. Il y avait une sorte de cruauté,
toujours, en elle qui pouvait être facilement exul-
415 tante ; mais là, cette vamp coincée par un verrou était
devenue une sorte de caricature immonde d'elle-
même, et ni son destin ni son passé ne s'imbriquaient
bien dans le puzzle haché que lui renvoyait de son
visage le miroir terne du train ; puzzle optique pro-
420 voqué par des larmes de rire et d'exaspération.

Un peu plus tard, il y eut plein d'hommes pressés,
ou de femmes — comment savoir ? — qui vinrent
secouer sa porte et à qui elle cria « Help ! » ou « Au
secours ! » ou « Please ! » sur tous les tons et à toute
425 voix. Elle se rappela son enfance, ses mariages, les
enfants qu'elle aurait pu avoir, ceux qu'elle avait eus.
Elle se rappela des détails idiots de plages, de mur-
mures la nuit, de disques, de bêtises, et, comme elle
avait un certain humour, elle pensa qu'aucun cabi-
430 net de psychiatre ne saurait être aussi efficace qu'un
W.C. fermé, dans un wagon de 1re classe, entre Paris
et Lyon.

Elle fut délivrée après Chalon et n'eut même pas le réflexe de signaler à son sauveteur — au demeurant la dame lyonnaise — qu'elle était là depuis si longtemps. Toujours est-il qu'elle descendit du train à Lyon parfaitement maquillée, parfaitement paisible, et que Charles, qui tremblait au bord du quai depuis bientôt une heure, s'étonna de la jeunesse de ses traits. Il courut vers elle et, pour la première fois depuis qu'il la connaissait, elle s'appuya un peu contre lui, la tête contre son épaule, et lui avoua qu'elle était fatiguée.

— C'est pourtant un train très confortable, dit-il.

— Elle murmura « Oui, bien sûr », vaguement, et puis, se tournant vers lui, elle lui posa la question qui pouvait le rendre le plus heureux au monde :

— Et quand voulez-vous que nous nous mariions ?

Des yeux de soie, 1975
© Ed. Flammarion.

Notes

Les numéros entre parenthèses renvoient aux numéros des lignes.

(1) **Le mistral :** a) vent violent qui souffle du nord ou du nord-ouest vers la mer dans la vallée du Rhône et sur la Méditerranée.
b) nom d'un train de première classe qui relie le nord et le sud de la France et porte le nom de ce vent.

(3) **Hublot :** petite fenêtre étanche et ronde qui laisse passer la lumière dans un navire (par extension, dans un avion ou dans un train).

(4) **Cadenassé :** fermé à clé.

(7) **Bicoque** (*familier*) : petite maison.

(10) **Rhododendrons :** arbustes (ou arbres) à fleurs roses ou rouges.

(11) **Flonflons :** accords de certains morceaux de musique populaire.

(12) **Faire « carrière » :** réussir.

(13) **Maintes :** beaucoup.

(17) **Commissaire-priseur :** personne chargée de l'estimation d'objets et de leur vente aux enchères.

(22) **Balbutierait :** hésiterait à chaque mot.

(26) **Des lento :** des mouvements lents.

(32) **Ag(h)a :** prince oriental.

(45) **Intercepta :** capta.

(62) **Réséda :** plante à fleurs blanches ou jaunes disposées en grappes.

(64) **Ulcéré :** qui éprouve un violent ressentiment (rancune).

(68) **Brouet** (*mot rare*) : bouillon, potage.

(71) **Carton-pâte :** carton fait de vieux papiers.

(73) **Un air mi-Oliver, mi-Michelet :** Oliver, grand chef cuisinier. Michelet, historien de la Révolution française.

(81) **Hocher la tête :** secouer la tête de haut en bas, de gauche à droite.

(82) **Contorsions :** mouvements compliqués.

(96) **Exorde :** introduction à un discours ou entrée en matière.

(119) **Illico :** aussitôt, immédiatement.

(139) **Reps :** tissu d'ameublement.
Œillets : petits trous pratiqués dans une étoffe ou dans du cuir, qui permettent de passer un lacet, un bouton.

(141) **Pimpant :** frais, élégant.

(154) **Nimbé de sueur :** légèrement couvert de sueur.

(157) **Marcel Marceau :** célèbre mime français.

(177) **Chanceler :** perdre l'équilibre.

(178) **Balafrer :** couper, taillader.

(202) **Anodin :** insignifiant, sans importance.

(208) **Claustrophobe :** qui n'aime pas les lieux où l'on est enfermé.

(226) **Les cheveux hirsutes :** complètement décoiffés.

(257) **S.N.C.F.** : Société nationale des chemins de fer.
(269) **Mordorées** : d'un brun chaud avec des reflets dorés.
(346) **Saint-Laurent** : grand couturier parisien.
(399) **In petto** : dans le secret du cœur, à part soi, intérieurement.
(407) **Exultait** : débordait de joie.
(415) **Vamp** : femme fatale et irrésistible.
(417) **Ne s'imbriquaient (pas) bien** : n'étaient pas bien ajustés.

Conte d'hiver

Itinéraire de lecture

L'auteur

André Dhôtel est né le 1er septembre 1900 à Attigny dans les Ardennes, région où il passe son enfance. Après un séjour à l'Institut français d'Athènes, il revient en France où il continue à enseigner tout en poursuivant une carrière d'écrivain.

En 1955, il obtient le Prix Fémina avec *Le Pays où l'on n'arrive jamais*, puis le Grand Prix du roman de l'Académie française en 1975 et le Prix national des lettres en 1976. « On a longtemps affirmé qu'il ne savait pas écrire. Il apparaît aujourd'hui comme l'un des auteurs les plus subtils du siècle. » (J.-C. Pirotte, *Le Magazine littéraire*, septembre 1983). Dhôtel est un grand peintre de l'âme adolescente, ses histoires se déroulent dans un univers féerique, où le voyage initiatique trouve une place de choix.

Quelques-unes de ses œuvres : *Nulle part* (1943), *Les Rues de l'aurore* (1945), *Le Plateau de Mazagran* (1947), *Bernard le paresseux* (1952), *Le Pays où l'on n'arrive jamais* (1955), *Un soir* (1977), nouvelles, dont « Conte d'hiver » est tiré, *Bonne nuit Barbara* (1978).

Étape 1
Prélecture

Lisez le titre.

1. Qu'est-ce qu'un conte ? Citez quelques titres de recueils de contes que vous connaissez.

2. Qu'est-ce que l'hiver évoque (situations, sentiments, impressions...) ?

3. Cette association du mot hiver au mot conte signifie-t-elle pour vous que l'histoire va être triste ?

Étape 2
Compréhension de la situation initiale

Lisez le premier paragraphe (l. 1 à 175).

1. Lisez le texte jusqu'à la ligne 21.
   a) Qui décrit le lieu ? les pensées d'Émilie ?
   b) Comment vous apparaît le paysage ?
   c) Quelle phrase prouve qu'Emilie est étrangère au lieu ? Expliquez cette phrase.
   d) Relevez les mots et les expressions qui caractérisent l'hiver.

2. Lisez jusqu'à la ligne 96 et répondez aux questions suivantes :
   a) Quel est le nom du village ?
   b) Chez qui loge Émilie ?
   c) Que fait-elle dans ce village ?
   d) Pourquoi a-t-elle accepté de se retrouver dans cet endroit ?
   e) Elle se souvient d'un autre lieu ; à quoi le compare-t-elle ?
   f) Quels sont les phrases qui évoquent l'hiver ?

g) Quels sont les mots qui désignent le lieu de travail d'Émilie?

h) Connaissez-vous des synonymes des mots *café*, *auberge*?

i) En quoi une auberge isolée peut-elle intéresser des clients?

3. Vous savez maintenant ce que fait Émilie et chez qui elle vit; lisez jusqu'à la ligne 175.

a) Un jeune homme entre dans l'auberge. Comment se comporte-t-il?

b) Quel est son métier?

c) Quel est son prénom?

d) Sous quelle forme est écrit ce passage? (monologue, dialogue...)

4. Relisez attentivement les lignes 1 à 175, puis résumez l'histoire.

Hypothèses

1. A la fin de cette première partie, quelle question peut-on se poser?

2. Pensez-vous que Bertrand a reconnu Émilie?

3. Pensez-vous qu'ils vont se revoir?

Étape 3
Lecture intégrale de la nouvelle

1. Lisez attentivement les lignes 176 à 274.

2. Maintenant, vous savez où et comment Émilie et Bertrand se sont rencontrés pour la première fois. Avant de continuer la lecture de la nouvelle, remplissez le tableau de la page suivante; il concerne les rencontres d'Émilie et de Bertrand en Grèce.

Les rencontres	Où ?	Quand ?	Les dialogues
1re rencontre	Une gorge au bord de la route. Deux collines abruptes sur une mer étroite.	Dans la journée.	— *Venez avec moi.* Elle répondit avec quelque brusquerie : — *Je dois rejoindre mes amies.* — *Allons ensemble sur la route*, reprit-il. *Elle l'accompagna sur la route, et ils marchèrent vers le cap. Il ne prononça pas une parole. Elle-même n'avait aucun désir de parler à cet inconnu. Lorsqu'ils arrivèrent au terrain où on garait les voitures, il lui tendit la main* : — *Je désire vous revoir.* *Elle haussa les épaules.* — *Il y a un petit café à droite en descendant de l'Université... Demain soir...* (l. 196 à 208).
2e rencontre			
3e rencontre			
4e rencontre			

3. Observez le tableau obtenu et répondez aux questions suivantes :
   a) Combien de fois se rencontrent-ils ?
   b) A chaque rencontre, qui parle le premier ?
   c) « On ne peut parler de *cela* », dit Bertrand (l. 243). A quoi fait-il référence ?

4. Relisez les lignes 176 à 274. Un mot revient très souvent : lequel ?

Hypothèses

Nous savons qu'Émilie a reconnu Bertrand dans l'auberge. Nous avons des doutes concernant Bertrand. Après la lecture de ce passage, pensez-vous qu'ils se rencontreront à nouveau ?

5. Lisez le passage allant de la ligne 275 à la ligne 374.
   a) En quelques phrases, Émilie résume sa rencontre avec Bertrand. Retrouvez ces phrases.
   b) Relevez les éléments de ce passage qui montrent que leur rencontre fut exceptionnelle.
   c) Montrez que le lieu exceptionnel n'est pas étranger à leur rupture.
   d) Relevez les phrases où Marguerite se moque de Bertrand.
   e) Relevez les phrases qui montrent que Bertrand est revenu pour Émilie et que ses intentions sont sérieuses.
   f) Relevez dans le dernier passage les mots qui rappellent l'hiver.

Hypothèses

1. Emilie vient d'apprendre ce que veut Bertrand. Pourquoi fuit-elle ?
2. Pensez-vous qu'il la rattrapera ?
3. Comment cette histoire va-t-elle se terminer ?

6. Lisez le passage de la ligne 375 à la fin.
   a) Émilie fuit Bertrand sans vraiment savoir elle-même pourquoi. Relevez les phrases du texte qui le prouvent (l. 375 à 434).
   b) A un moment, Émilie croit comprendre vers où elle fuit. Relevez le passage qui le montre.

c) Le mot *glace* apparaît souvent à partir de la ligne 456. Retrouvez-le, ainsi que ses dérivés.

d) Lorsque Bertrand et Émilie se retrouvent dans la rivière gelée, ils ont atteint leur but et c'est un autre paysage qu'ils retrouvent. Décrivez-le.

Étape 4
Après la lecture

1. Y a-t-il un rapport entre la structure de la nouvelle et les paysages ? Lequel ?

2. Comparez les deux régions où se rencontrent Bertrand et Émilie.

3. Pourriez-vous imaginer un récit plus simple (les événements se déroulant dans leur ordre chronologique, par exemple) ? Précisez les étapes de cet autre récit possible.

4. L'écrivain qui n'a pas choisi le récit linéaire obtient un effet supplémentaire ; lequel, à votre avis ?

5. Le dénouement du récit peut paraître irréel. Pourquoi ?

6. A. Dhôtel suggère un dénouement qui ressemble à un conte de fée. Lequel ? Écrivez une fin différente.

7. Cette nouvelle est très romanesque. En quoi ?

La fougue
de la femme du savant

Itinéraire de lecture

L'auteur

Francine Cicurel est enseignante à l'Université de Paris III.
Parallèlement à ses activités universitaires, elle écrit des nouvelles, des récits et des articles.

Plusieurs de ses textes ont été publiés dans des revues, en
France et à l'étranger.

La lecture de ses écrits montre un goût pour l'insolite, pour
le détail, ainsi qu'une sensibilité à la souffrance dans le
quotidien.

La fougue de la femme du savant est une nouvelle iné-
dite.

Étape 1
Compréhension de la situation initiale

Lisez jusqu'à la ligne 80.
1. Lisez attentivement les huit premières lignes du texte.
   a) Quel est le premier objet mentionné ?
   b) Comment s'appelle le personnage principal ?
   c) Quel temps fait-il ?
   d) Qu'est-ce que Marc n'a pas envie de faire ce jour-là ?
   e) Qui est-ce qui vient troubler sa journée ?

2. Lisez le texte de la ligne 8 à la ligne 80 et relevez unique-
ment les phrases échangées entre Marc et Victoria au téléphone. Présentez ces phrases sous la forme d'un dialogue.

3. Relisez les lignes 33 à 45. Le dialogue entre Marc et Victoria est rapporté au style indirect.
a) Écrivez-le au style direct.
b) Où pourrait-on le placer ?
c) Entre les lignes 61 et 67 et entre les lignes 70 et 76, le
dialogue est interrompu. Par quoi ?

4. a) Relisez le dialogue que vous avez écrit au style direct.
Quelles informations a-t-on sur Victoria Berger ? Sont-
elles nombreuses ?
b) Relisez à nouveau les lignes 8 à 80.
En marge du dialogue, nous avons le point de vue du narrateur qui nous fournit une abondance de détails. Relevez les
phrases qui décrivent Marc et vous obtiendrez son portrait.

Hypothèses

A ce stade nous savons qu'une certaine Victoria Berger, américaine ou anglaise, veut absolument revoir Marc qui ne sait
pas qui elle est.
1. D'après vous, où ont-ils pu se rencontrer ?
2. Imaginez leur seconde rencontre. Écrivez-la sous la forme
d'un dialogue.
3. Essayez d'imaginer le personnage de Victoria ; d'où elle
vient, qui elle est et pourquoi elle veut revoir Marc.
4. Pourquoi Victoria dit-elle : « J'ai fait une folie » ?

Étape 2
Lecture intégrale de la nouvelle

Avant de lire la nouvelle jusqu'à sa conclusion, lisez d'abord
les deux passages suivants :

1. Lisez de la ligne 81 à la ligne 124.
a) Notez quelques phrases qui montrent que Marc a peur de rencontrer Victoria.
b) Qu'est-ce que Louisa reprochait à Marc?
c) Qu'est-ce que sa mère reprochait à Marc?

2. Lisez de la ligne 125 à la ligne 141.
Ce passage répond aux questions que l'on se posait sur Victoria et sa rencontre avec Marc.
a) Dites qui est Victoria.
b) Comment Marc la juge-t-il?
c) Où l'a-t-il rencontrée?
d) Que faisait-il dans ce lieu?

Hypothèses

« Il a fallu quelques secondes à Marc pour mesurer l'étendue du désastre. » (l. 131-132). Qu'est-ce qui lui fait penser cela? De quoi a-t-il peur? Essayez d'imaginer la suite de l'histoire.

3. Lisez maintenant la nouvelle de la ligne 142 à la fin.
a) Marc reconduit Victoria au train avec ses valises. Un an plus tard, Victoria remercie Marc. Vous attendiez-vous à ce double dénouement?
b) Pourquoi Victoria est-elle partie de chez elle?
c) Relevez les éléments qui permettent de décrire le mari de Victoria.
d) A votre avis, est-ce que Victoria plaît à Marc?
e) Comment Marc se comporte-t-il en général avec les femmes?
f) A quel moment Victoria comprend-elle que Marc n'a pas les mêmes intentions qu'elle?
g) Comment comprenez-vous la dernière phrase de la nouvelle : « Vous savez, j'ai tout oublié » ?
h) Ce qui est arrivé aux personnages peut leur sembler triste. Mais nous, lecteurs, nous ne pouvons nous empêcher de voir le comique de la situation. En quoi le per-

sonnage de Marc est-il comique ? En quoi la situation dans laquelle s'est mise Victoria est-elle humoristique ?

Étape 3
Après la lecture

1. Cherchez un autre mot proche par le son de « fougue », qui aurait pu convenir au titre de la nouvelle. Essayez d'expliquer pourquoi « La fougue de la femme du savant » est un bon titre.

2. Victoria, assise dans le train qui la ramène vers Bruxelles, pense à Marc. Faites le portrait de ce personnage, tel qu'elle le voit maintenant.

3. Choisissez un personnage secondaire (le mari, Louisa, la mère) et, d'après les indices que vous donne le texte, imaginez l'histoire du personnage.

4. Vous êtes astrologue et psychologue : on vous demande de faire le portrait de Victoria. Vous vous aidez du texte... en imaginant le reste !

La paupière de gauche

Itinéraire de lecture

L'auteur

Françoise Sagan est née en 1935. Dès son premier roman, *Bonjour tristesse* (1954), elle atteint la célébrité. A l'époque, le livre fait scandale : une jeune fille de 19 ans dépeint avec détachement, voire désinvolture, les sentiments amoureux. Elle confond amour et sexualité. Les personnages évoluent dans un monde d'oisiveté où les rencontres, les ruptures, l'alcool, les voitures occupent une place essentielle.

Ses principales œuvres :
Romans : *Un certain sourire* (1957), *Dans un mois, dans un an* (1957), *Aimez-vous Brahms* (1959), *La Chamade*.
Théâtre : *Un château en Suède* (1960), *La robe mauve de Valentine* (1963), *Les violons parfois* (1961).
Nouvelles : *Des yeux de soie* (1975), dont la nouvelle « La paupière de gauche » est tirée.
Autobiographie et essais : *Des bleus à l'âme*, *Avec mon meilleur souvenir*.

Ses deux derniers livres : *L'excès contraire* (théâtre) et *Sarah Bernhardt ou le Rire incassable* (biographie), tous deux parus en 1987.

Étape 1
Prélecture

1. Peut-être avez-vous déjà entendu parler de Françoise Sagan. Quel milieu dépeint-elle généralement dans ses œuvres ?

2. Parcourez rapidement le texte.
   a) Relevez les noms des personnages (les plus fréquents).
   b) A quelle personne le récit est-il écrit ?
   c) Qui raconte l'histoire ? (Un narrateur, les personnages...)

Étape 2
Compréhension de la situation initiale

Lisez jusqu'à la ligne 108.
1. Lisez le premier paragraphe (l. 1 à 11).
   a) Dans quel lieu se trouve Lady Garett ? Relevez les mots et les expressions qui servent à décrire ce lieu.
   b) Repérez minutieusement les éléments qui nous permettent de faire connaissance avec Lady Garett (âge, genre de vie).
   c) Où Lady Garett aurait-elle aimé vivre ? Pourquoi ?

2. Lisez le second et le troisième paragraphe (l. 12 à 65).
   a) Qui est Charles Durieux ? (profession, physique...)
   b) Lady Garett a l'intention de rompre avec Charles. Que lui reproche-t-elle et à qui le compare-t-elle ?
   c) Relevez les paroles blessantes que Lady Garett dira à Charles.
   d) Quelle sera la réaction de Charles ?
   e) A quoi voit-on que Lady Garett redoute la solitude ?
   f) Relevez les éléments qui montrent que Lady Garett est prétentieuse et snob.
   g) Un de ses nombreux amants, Arthur O'Connolly, donne une définition de Lady Garett. Repérez-la.

3. Lisez le passage suivant : lignes 66 à 108.
   a) Dans quelle partie du train se retrouve Lady Garett ?
   b) Françoise Sagan tourne en ridicule les noms recherchés que l'on donne souvent aux plats dans les restaurants. Elle invente des noms. Relevez ceux qui ont un

rapport à l'histoire (et à la Révolution française). Pouvez-vous citer d'autres plats français ?

c) 1. Qui est assis à la même table que Lady Garett ?

   2. Comment Lady Garett la perçoit-elle ?

   3. Qu'est-ce qui fait dire à lady Garett « qu'elle avait toujours l'air typiquement anglo-saxonne » ?

d) Relevez les phrases citées entre guillemets à la fin du dernier paragraphe (l. 97 à 108). Elles ont un point commun. Lequel ? Le temps employé dans chacune de ces phrases est important. Pourquoi ?

4. Relisez maintenant la première partie (l. 1 à 108), ensuite vous lirez la fin de la nouvelle de la ligne 421 à 448. Relevez la phrase qui est en totale contradiction avec tout ce que Lady Garett a dit jusqu'à présent.

Hypothèses

Lady Garett va à Lyon pour rompre avec Charles. A l'arrivée, elle lui propose le mariage. Essayez d'imaginer ce qui est arrivé dans le train pour que Lady Garett « la snob » fasse une telle proposition à l'homme qu'elle méprisait.

Étape 3
Lecture intégrale de la nouvelle

1. Lisez la nouvelle en entier.

Outre la première partie (l. 1 à 108) consacrée à la présentation des personnages, on dénombre quatre parties : l. 109 à 191 ; l. 192 à 420 ; l. 421 à 432 ; l. 433 à 448. Essayez de trouver un titre à chacune d'elles.

2. *A. Deuxième partie* (l. 109 à 191)

a) Repérez la phrase qui donne le titre à la nouvelle.

b) Lady Garett, très soucieuse de son image de marque, se retrouve dans une situation burlesque. Relevez les phrases où on voit qu'elle devient ridicule.

B. *Troisième partie* (l. 192 à 420)

a) Les sentiments de Lady Garett envers Charles se transforment. Voici un tableau qui montre cette évolution. Observez-le et répondez à la question suivante : qu'est-ce qui fait revenir Lady Garett sur sa décision de rompre ?

- Charles, mon cher Charles, je vous dis ces mots cruels aujourd'hui... (l. 258 à 266)
- Elle sentit son émotion grandir en même temps que ses paroles. (l. 269)
- Car enfin Charles... nous n'avons pas le même rythme de vie... je ne suis plus la jeune fille que vous méritez. (l. 271 à 276)
- Et c'était vrai que Charles méritait une jeune fille tendre et confiante... ses yeux se remplirent de larmes tout à coup. (l. 277 à 281)
- Car si Charles était venu la chercher comme il l'avait d'ailleurs suppliée... il serait en train de la chercher partout... Évidemment si Charles avait été là... (l. 316 à 323)
- Se tenant le pied, elle se surprit à murmurer : « Charles ! oh Charles ! » d'une voix plaintive. (l. 347 à 349)
- Bien sûr, il avait ses défauts, Charles... Mais quand même si Charles avait été là... il s'excuserait de ne pas avoir agi plus tôt... (l. 350 à 361)
- Car il était fou, au fond, malgré ses airs mesurés. (l. 363)
- Charles était un homme qui se faisait du souci pour elle... il n'y en avait pas tellement de cette race. (l. 365 à 367)
- Et finalement il n'y aurait eu que Charles... qui aurait révolutionné tout le Mistral pour elle. Oui il était bien dommage qu'ils dussent rompre... (l. 380 à 383)
- ... et là, dans ce train (...) elle ne voyait brusquement qu'un homme qui pût la tirer de là. C'était justement à cet homme... (l. 388 à 391)

---

b) Lady Garett est une femme snob, un peu superficielle, mais elle est sauvée par son humour. Repérez les endroits où elle sait rire d'elle-même et des situations.

c) Dans le lieu fermé où se trouve Lady Garett, un seul élément est ouvert sur l'extérieur : lequel ?

d) Imaginez d'autres lieux où l'on pourrait se retrouver enfermé comme Lady Garett.

Étape 4
Après la lecture

1. Et si Charles n'avait pas été à la gare pour accueillir Lady Garett ?... Imaginez les raisons possibles et les réactions de Lady Garett.

2. Imaginez Lady Garett et Charles un an plus tard.

Si vous avez lu les trois nouvelles, vous avez rencontré trois portraits de femmes : Émilie, Victoria Berger et Lady Garett. En quoi ces trois femmes sont-elles différentes ? (âge, origine sociale, réactions, histoire, mode de vie...)

Dans les trois nouvelles, le thème de l'amour est lié à celui du voyage. En quoi le voyage a-t-il une influence sur l'amour (précisez pour chaque nouvelle) ? Que provoque-t-il chez les trois héroïnes ?

Itinéraires de lecture
corrigés

Conte d'hiver

Étape 1

1. C'est un récit merveilleux qui raconte des aventures imaginaires.
   Ex. : *Contes*, de Perrault ; *Contes du lundi*, d'Alphonse Daudet ;
   Contes des mille et une nuits.

2. La tristesse, le vieillissement, « L'hiver de la vie », le sommeil de la nature,
   les longues soirées d'hiver, le grand froid, la neige, le ski, les veillées
   au coin du feu.

3. Pas forcément. L'histoire se passe tout simplement en hiver.

Étape 2

1. a) Le narrateur.
   b) Recouvert de neige et, malgré tout, net.
   c) « Qu'est-ce qu'elle fichait dans ce pays ? » Émilie n'a rien à voir avec
      cette région.
   d) « La neige tombait » (l. 1) ; « L'étendue blanche des champs » (l. 2,
      3) ; « Des flocons » (l. 19).

2. a) Mocquy-Grange.
   b) Chez sa grand-mère.
   c) Elle sert dans l'auberge de sa grand-mère.
   d) A la suite d'un échec scolaire et de difficultés économiques, Émilie
      a dû commencer à travailler.
   e) Elle se souvient de la mer, au cap Sounion, en Grèce.
   f) « ... à travers les flocons la nappe horizontale de la neige » (l. 35)
      « ... l'éclat de la neige. Comme si le gris du ciel invisible... » (l. 37)
      « Rien de commun entre ce blanc... » (l. 40)
   g) Auberge, débit de boissons, café, relais.
   h) Bar, bistrot, brasserie, buvette, cabaret, débit de boissons.
      Hôtellerie, restaurant, guinguette.

i) Une auberge isolée peut donner aux clients le sentiment d'être en voyage, au calme, loin de leur milieu habituel.

3.　a) Il a des gestes brusques. Il demande une chambre pour y passer la nuit.
b) Ingénieur à la S.N.C.F.
c) Bertrand.
d) Essentiellement sous forme de dialogue.

4.　L'histoire se passe en hiver, à la campagne.
Émilie, jeune étudiante, travaille comme servante chez sa grand-mère Marguerite qui tient une auberge éloignée du village. Un jeune homme fait irruption dans le café. Émilie semble le connaître.

Hypothèses

1.　Où Émilie a-t-elle pu rencontrer Bertrand ? On peut imaginer qu'elle l'a connu en vacances, à l'Université, chez des amis...

Étape 3

2.

Les rencontres	Où ?	Quand ?	Les dialogues
1ᵗᵉ rencontre	(voir p. 56)	(voir p. 56)	(voir p. 56)
2ᵉ rencontre	Dans un petit café à droite en descendant de l'Université.	Le lendemain soir.	*— Je m'appelle Bertrand Deslandes, dit-il.* *— Émilie Hocheux, répondit-elle.* *Il reprit après un temps :* *— J'ai une vie banale. J'ai terminé mes études. Un petit voyage avant de prendre un emploi. Elle parla brièvement elle-même des examens qu'elle préparait.* *— Tout ça ne compte pas, dit-il, pas plus que ce que je fais. Je veux aller avec vous au bord de la mer, ici ou là.* *— Nous serons à Daphni demain, dit Émilie. Il y a la mer tout près. Puis ils gardèrent le silence. La soirée s'avançait. Les lampadaires s'allumaient. Le ciel profond demeurait encore sans étoiles.* *— Demain, dit-il.* (l. 215 à 230)

Les rencontres	Où ?	Quand ?	Les dialogues
3ᵉ rencontre	— Au bord de la route (presque par hasard). — Ils vont dans un bistrot.	Le jour suivant — en fin d'après-midi — qui se prolonge dans la soirée.	— *J'habite Paris pour le moment, dit-il. J'aurai ma situation dans l'Est.* ... — *Nous partons dans deux jours, dit Émilie. Demain dimanche, à la sortie de la messe.* (l. 238 à 261).
4ᵉ rencontre	— A la sortie de la messe. — Ils vont au café.	Dans la matinée.	— *Non, vous comprenez. Non et non. Il y aura le métier, les enfants, la messe le dimanche. Non.* ... *Elle ne l'avait pas revu jusqu'à ce jour de neige dans l'auberge de Marguerite.* (l. 264 à 274)

3. a) Ils se rencontrent quatre fois en quatre jours.
   b) Bertrand.
   c) L'étendue des eaux d'un bleu pur.

4. On retrouve le mot « mer » neuf fois.

5. a) On trouve ces phrases dans les lignes 282 à 290.
   b) « Il avait été ébloui » (l. 283)
      « Elle aussi avait été éblouie » (l. 284-285)
      « Et l'amour insensé d'un instant » (l. 289)
   c) Bertrand compare la beauté exceptionnelle du lieu à la vie banale qui les attend. Le lieu provoque leur éblouissement mutuel ainsi que leur rupture.
   d) « Grand bien vous fasse ! » (l. 319)
      « Vous avez l'intention de demander ma servante en mariage ? » (l. 324-325)
      « Êtes-vous sûr que ça l'intéresse ? » (l. 329)
   e) — l. 321 : il a pris des renseignements sur elle au village (ce qui prouve qu'il l'a reconnue).
      — l. 332 : « ... je n'ai pas su me faire comprendre d'elle. »
      — l. 335 : « ... ma démarche est tout à fait sérieuse. »
      — l. 336 : « ... je m'en remets à elle pour toute décision. »
   f) « Sans son manteau, sans son manteau... » (l. 365)
      « On avait passé le chasse-neige. » (l. 368)
      « Une profonde trace de pas... » (l. 369)

«L'étendue neigeuse.» (l. 370)
«... à travers les flocons...» (l. 372)

6. a) — «Elle ne comprit pas pourquoi elle n'avait fait que traverser la
       buanderie et s'était trouvée dehors.» (l. 380-381-382)
       — «Elle n'avait d'autre désir que de courir dans la neige et de s'éloi-
       gner, sans savoir pour quelle raison.» (l. 388-389-390)
       — «Elle pouvait se réfugier chez cette cousine... Émilie passa sans
       s'arrêter devant la porte de la cousine.» (l. 395 et 398-399)
       — «Elle ne savait pas de quoi il s'agissait.» (l. 426-427)
    b) Il s'agit des lignes 435 à 455.
    c) «Il gelait à mort.» (l. 456); «Les eaux étaient tout à fait gelées.»
       (l. 457-458); «Sur les rives la glace s'était incurvée.» (l. 458-459);
       «L'eau ne s'était prise que pendant la nuit.» (l. 462-463); «La glace
       plus fragile. » (l. 464); «La glace a crevé.» (l. 481); «Son manteau
       couvert de glaçons.» (l. 504)
    d) «Des statices.» «On est au bord de la mer.» «On est au printemps.»
       (l. 508 à 510).

Étape 4

1. La nouvelle commence par la description d'un paysage enneigé. Émilie est seule face à cette masse blanche. La nouvelle se termine par l'évo-
   cation de ce même paysage. Bertrand et Émilie sont couchés au bord
   de la rivière glacée. Entre ces deux évocations, on trouve à plusieurs
   reprises des allusions au cap Sounion, lieu de référence pour les deux
   personnages — puisqu'il est le lieu initial de leur rencontre.

2. D'un côté l'hiver, la campagne blanche, la neige, le froid... De l'autre,
   le printemps, la mer bleue, le soleil, la chaleur.

3. — Bertrand et Émilie se rencontrent au cap Sounion. — Ils se sépa-
   rent brutalement. — Émilie se fait embaucher dans l'auberge de sa
   grand-mère. — Bertrand la retrouve par hasard dans l'auberge.
   — Émilie s'enfuit. — Ils se retrouvent au bord de la rivière glacée.

4. Un effet de mystère.

5. Il a gelé. Ils sont recouverts de glace. Elle est sans manteau. Et, malgré
   tout, on les retrouve vivants, recommençant une vie nouvelle.

7. On y retrouve tous les éléments propres aux récits romanesques : le

coup de foudre de Bertrand ; les réticences d'Émilie ; la séparation ;
les obstacles à l'amour ; les retrouvailles ; les climats d'exception (tem-
pête de neige ↔ soleil brûlant).

La fougue de la femme du savant

Étape 1

1. a) Le téléphone.
   b) Marc.
   c) Il fait très chaud, ce qui est assez inhabituel pour un mois de juin.
   d) Répondre au téléphone, parler à sa mère.
   e) Victoria Berger.

2. *Marc* : Allô oui ! je vous écoute. (l. 8)
   Victoria : Allô ! ici Victoria Berger, allô ! (l. 9)
   Marc : Oui, bonjour. (l. 13)
   Victoria : Marc ? (l. 14)
   Marc : Depuis quand êtes-vous à Paris ? (l. 46)
   Victoria : Mais Marc... immédiatement ? (l. 47-51)
   Marc : Mais c'est très gentil, où êtes-vous, Victoria ? (l. 57)
   Victoria : Je suis à la gare du Nord... histoire ! (l. 58-60) Marc, pouvez-
   vous venir ? (l. 68)
   Marc : Mais je ne sais pas. Maintenant ? (l. 69) Où voulez-vous que
   je vous retrouve ? (l. 77)
   Victoria : Oh Marc ! je connais mal Paris... j'ai fait une folie.

3. a) *Marc* : Je suis très heureux de vous entendre.
      Victoria : J'ai eu du mal à vous trouver. Vous n'êtes pas dans
      l'annuaire. J'ai dû téléphoner à tous les Elias. Et il y en a beaucoup.
      Marc : Ah ?
      Victoria : Finalement, c'est une femme qui me l'a donné. Mais elle
      était furieuse, Marc, on aurait dit qu'elle ne voulait pas donner votre
      numéro de téléphone.
   b) Entre les lignes 14 et 46.
   c) Le narrateur décrit ce qui se passe dans la tête de Marc.

4. a) On sait qu'elle a chaud, qu'elle est à la gare et qu'elle a fait une
        folie. C'est peu de choses...
    b) Marc n'est pas vraiment surpris de la situation. Il parle à tout le
        monde, mais n'entend personne. Il oublie les gens dès qu'ils sont
        hors de sa vue. Mais personne ne l'oublie, lui. Il est très charmant.
        Il a des yeux très bleus et d'abondants cheveux blonds. Il a fait
        de l'astrologie. Il aime bien être gentil. Blesser quelqu'un lui est
        insupportable. Cela le remplit de remords. Il est très paresseux.
        Il n'aime pas se déranger... aller dans des endroits nouveaux, faire
        des mouvements inutiles.

Hypothèses

4) Elle ressent confusément l'indécision de Marc, son manque d'empresse-
    ment.

Étape 2

1. Lignes 81 à 124.
    a) « Et si c'était une folle ? » (l. 82) « Comment saura-t-il qui elle est ?
        Et s'il ne la reconnaissait pas du tout ? » (l. 121-122)
    b) D'attirer les fous. De ne pas aimer les vilains bijoux de son père.
    c) D'être distrait. De faire des taches sur ses vêtements.

2. Lignes 125 à 141.
    a) Victoria est l'épouse respectable d'un philosophe de grande renom-
        mée, Jules Berger.
    b) Comme une femme d'une éclatante beauté, mariée à un homme
        très différent d'elle.
    c) Il l'a rencontrée à un colloque de philosophie. Elle accompagnait
        son époux.
    d) Il s'y était rendu pour dessiner le portrait des orateurs.

3. Lignes 142 à la fin.
    b) Elle ne supportait plus la vie monotone qu'elle menait avec un mari
        ennuyeux. Victoria rêve d'une vie pleine d'aventures avec Marc qui,
        dit-elle, sait regarder les femmes.
    c) Il aime sa maison et fréquente des gens ennuyeux. Il est mesquin,
        laid, petit, myope, les yeux bleus, le dos voûté. Il a la parole facile,
        une voix parfois méprisante, un accent étranger dans toutes les lan-
        gues. C'est un érudit, un honorable spécialiste de la philosophie
        du XIXᵉ siècle.
    e) Il est gentil avec *toutes* les femmes... (l. 244 à 250)

f) Lorsqu'il essaie de la raisonner… Et lorsqu'il pose la question à ne pas poser : « Mais savez-vous où vous allez vivre maintenant ? »
g) La fugue, la rencontre à la gare du Nord, le portrait qu'elle a fait de son mari, ses déclarations d'amour…
h) Marc, le distrait, se retrouve dans une situation qu'il a créée sans le savoir. Il se retrouve face à une jolie femme avec deux grosses valises, une femme dont il n'a que faire.
Victoria a quitté son mari, elle a pris le train pour retrouver un homme qui ne se souvient même pas de son nom. Elle aura quitté son foyer pour quelques heures sans que son mari s'en aperçoive, juste le temps de faire de grandes déclarations d'amour dans un café et reprendre aussitôt son train pour retourner chez elle !

Étape 3

1. *Fugue*.
En choisissant comme titre « La fugue de la femme du savant », l'auteur aurait dévoilé immédiatement le contenu de la nouvelle. Le choix du mot « fougue » permet d'installer un suspense.

La paupière de gauche

Étape 1

1. Un milieu mondain de Parisiens, de noctambules et de snobs.

2. a) Lady Garett, Charles Durieux.
b) A la troisième personne.
c) Un narrateur.

Étape 2

1. a) Dans un train rapide et confortable : « Le Mistral ».
Fermé, bloqué, presque cadenassé.
b) 35 ans, vie agitée.
c) Dans une humble ou somptueuse bicoque qui borde la Seine. Car Lady Garett rêve d'une vie calme.

2. a) Commissaire-priseur, bel homme, petite barbiche.

   b) Elle lui reproche sa profession peu glorieuse. Elle le compare aux riches amants qu'elle a eus avant lui.

   c) «Mon cher Charles, ce fut...» (l. 17 à 21)

   d) Il «rougirait, balbutierait, lui baiserait la main...» (l. 21 à 24)

   e) «Elle avait horreur en effet des gestes machinaux qu'ont les femmes seules...» (l. 35 à 39)

   f) «Il aurait dû se rendre compte lui-même que cela ne pouvait durer. Qu'elle...» (l. 29 à 34)
   «Elle prit son poudrier... intercepta le regard du jeune homme...» (l. 43 à 50) «C'était drôle...» (l. 51 à 59)

   g) «Letitia, c'est pour toujours le réséda, la tendresse, l'enfance.» (l. 62-63)

3. a) Dans le wagon-restaurant.

   b) Soles historiques, soles guillotinées, rôti révolutionnaire, bombe de carton pâte.
   Soufflé au fromage, pommes de terre dauphine, omelette à l'oseille, poires Belle Hélène...

   c) 1. Une Lyonnaise, une dame de l'arrivée.
   2. Douce, calme, timide, honnête.
   3. «Letitia lui passa le menu...» (l. 80 à 84)

   d) «Je vous aime beaucoup.» (présent)
   «Je vous ai beaucoup aimé.» (passé composé)
   «Je vous aimerai toujours.» (futur simple)
   «Je vais toujours vous aimer.» (futur proche)
   Les temps employés sont importants car ils donnent à la formule amoureuse un sens précis. Ce sens vient également des adverbes qui accompagnent le verbe.

4. «Et quand voulez-vous que nous nous mariions?»

Étape 3

1. Lignes 109 à 191 : Le maquillage.
   Lignes 192 à 420 : L'enfermement.
   Lignes 421 à 432 : La délivrance.
   Lignes 433 à la fin : Les retrouvailles.

2. A. *Deuxième partie*

   a) «Elle commença par la paupière de gauche.» (l. 161-162)

   b) «Elle se retrouva donc à quatre pattes...» (l. 148 à 155)
   «... et du même coup se balafrer la joue...» (l. 177 à 179)

B. Troisième partie

a) Lady Garett comprend que seul Charles aurait révolutionné le train pour la sortir de cet endroit désagréable où elle s'est retrouvée coincée.

b) « La porte résistait... Cela la fit rire. » (l. 192 à 195)

  « ... assise sur ce siège ridicule... et elle se mit à pleurer de rire. » (l. 281 à 287)

  « ... Dieu sait pourquoi lui redonna le fou rire. » (l. 308 à 311)

  « Il ne savait pas que son bel amour était coincé comme une bête... c'était drôle, ça c'était humoristique ! » (l. 326 à 335)

c) Le hublot.

d) Un ascenseur, un réduit, une cabine de bateau, une salle de cinéma.

Table

Imprimé en France
par POLLINA - Luçon - n° 8645
Dépôt légal n° 2247-01-1996
Collection n° 02
Édition n° 01

**Imprimé en France
par POLLINA - Luçon N° 9748
Dépôt légal n° 2361-01-1988
Collection n° 03
Édition n° 01**

15/4701/7